한 번쯤 괜찮아,
사회 혁신가

함께 이야기하다
함께 이루어가다

여성, 지역, 사회적
가치의 실현

한 번쯤 괜찮아, 사회 혁신가

이지혜 지음

텍스트 CUBE

목차

프롤로그　　　　　　　　　　　　　　　　　　　6

1부　사회적기업가에서 사회혁신가로

1장 ◦ 사회적기업 창업과 창업가　　　　　　　　10

2장 ◦ 네팔과 태국, 그런데 어떤 일자리?　　　　　28

3장 ◦ 창업가를 배출하는 방법　　　　　　　　　44

4장 ◦ 영월과 제주, 태도와 마음　　　　　　　　　66

★ SPECIAL PAGE '함께 하는'의 비즈니스　　　　90

5장 ◦ 사회적기업과 투자의 이유　　　　　　　　94

2부 함께, 사회혁신가:
사회적기업 생태계를 만나다(대담과 대화)

1장 · 즐겁게 풀어내는 함께함의 의미　　　　　118
　- 신승환 셰프

2장 · 필요한 도움을 필요한 사람들에게　　　　132
　- 명경화 오요리아시아 사업부장

3장 · 그 자리에 사람이 남았습니다　　　　　　152
　- 오정희 전 오요리아시아 본부장

4장 · 사회적 가치와 비즈니스, 사회적기업 생태계　164
　- 변형석 트래블러스맵 대표

5장 · 창업의 길목에서 만난 소중한 인연　　　　184
　- 진태민 버거스데이 대표

6장 · 모든 기업이 다 사회적기업입니다　　　　　194
　- 안은주 제주올레 대표

7장 · Why not? 임팩트투자　　　　　　　　　208
　- 심재현 크레비스파트너스 대표

에필로그　　　　　　　　　　　　　　　　　216

프롤로그

지켜주셔서 감사합니다

"대표님, 우리 회사도 10년이 됐는데, 책 한 권 나와도 되지 않을까요?"

나와 함께 10년을 일한 명경화 부장이 지난해 나에게 한 말이다. 몇 번의 제안에도 꿈쩍하지 않던 나는 어느 순간 스스로 목차를 만들어 기억을 꺼내어 정리하기 시작했다. 코로나19로 사방이 막힌 듯한 느낌에서 벗어나고 싶어서 시작한 일이었다.

이 책은 사회적기업 오요리아시아가 겪어온 '사람들의 이야기'이다. 말하자면 아시아 여성들과 청년들이 소셜비즈니스를 통해 경제적인 자립을 하도록 돕는 '사회적기업'의 생활상이 낱낱이 드러나는 사업 이야기이다.

부끄럽게도 나는 비지니스의 기초도 모른채 기업가로서 준비를 제대로 하지 못했고, 그래서 구성원과 더 많은 고통의 수레를 이끌어왔다고 생각한다. 그래도 우리가 걸어온 길을 보니, '우리가 변화시키고 싶은 사회적 문제는 무엇인가'에 대한 질문은 놓치지 않았던 것 같다. 비즈니스의 형태는 변했어도 오요리아시아의 구성원들이 하고 싶은 일은 변하지 않았다. 외식업과 서비스업을 통해 경제적으로 어려운 이들이 자립할 수 있도록 돕는 일이 그것이었다.

10년을 반추하다 보니 정말 다양한 그룹이 우리 회사를 도와줬다. 사회적경제 중간 지원조직, 임팩트 투자가, 사회적기업 동료들. 이들이 없었다면 지난 10년과 앞으로의 10년도 설명하지 못할 것 같다. 그래서 되도록 우리 회사를 도왔던 실제 기관명과 실명을 많이 기입했다. 원래 이 책은 우리 회사에 투자했던 투자자들과 기관들에게 10년간 지켜줘서 고맙다는 취지에서 시작한 글이었으니깐.
사회 변화를 위해 사회혁신가들을 돕고 있으니 마땅히 고마움을 표하는 것이 도리라고 생각했다.

그리고 이 책을 함께 써준 이들이 있다. 그들은 나의 사회적기업 친구들이고 동료이며 또 다른 사회적기업가와 임팩트 투자자 분들이다.

  결국 이지혜, 오요리아시아와 사회적기업 이야기는 사회혁신을 향한 거대한 스토리의 일부이며, 나 혼자만 주인공일리 없는, 함께함의 이야기임을 확인하게 되었다. 1부와 2부에 걸쳐 함께 이야기를 나눠준 모든 분들께 감사하다.

  양가 부모님에 대한 감사와 함께 남편 장현익, 딸 장정윤에게 앞으로도 잘 부탁한다는 말을 전하고 싶다. 사회적 기업가의 삶에서 늘 가족이 사회적기업가보다도 더 어렵고 힘든 경험을 하고 있다는 생각이 든다. 집보다 회사, 회사보다 사회, 이런 뇌 구조를 갖고 있는 이와 함께하는 삶도, 한번쯤 괜찮다고! 잘 부탁한다고! 말하고 싶다.

1부

★

사회적기업가에서
사회혁신가로

01

사회적기업 창업과 창업가

가끔 이 창업의 끝은 어디가 될까를 스스로 묻는다. 창업의 끝을 알고 싶기에 창업의 시작을 되짚어본다. 두둑한 밑천을 가진 갑부도 아니었고, '성공적인' 창업가도 아니었다. 성공적인 창업가란 돈도 많이 벌고, 남들을 도와줄 만큼의 넉넉한 인상에, 무엇보다 성공신화에 걸맞게 실패의 경험도 많은, 하지만 비즈니스 모델만큼은 무릎을 칠만큼 멋져야 한다.

㈜오요리아시아(이하 오요리아시아)를 창업하고 지금까지 10년 동안 나는 언제나 똑같았다. '아시아 여성의 경제적 자립을 돕는 사회적기업가' 이지혜 대표라고, 스스로를 소개해왔다. 그런데 며칠 전 전화를 받았다. 이주여성들에게 강의를 해달라는 요청.

예전 같았으면 당연히 수락했을 테지만, 이번에는 내내 품고만 있던 마음의 소리를 꺼냈다. 나는 담담하게 그리고 솔직하게 답했다.

"더 이상 이주여성들과 일을 하고 있지 않아서요. 이제 그렇게 강의할 자격이 있는 것인지, 그런 자리에 서기가 부끄럽기도 합니다."

일종의 공개 선언을 해버린 셈이었다. 아시아 여성의 경제적 자립을 돕는 사회적기업가 이지혜 대표가 더 이상 국내 이주여성들의 삶에 대해 알지 못한다고 말이다. 사실이 그랬다. 이제는 아시아 여성들과 함께 생활하면서 일하지 않기 때문이다. 그러나 포기 선언은 아니다.

일종의 전업(?)이랄까.

지금까지 이주여성이 살아가는 '삶의 생태계'를 경험했으니 이제는 그들의 삶을 이야기하는 대신 그들의 빈곤 상태를 바꾸는 일, 혹은 직업이 필요한 사람들을 위한 플랫폼 같은 일을 하고 싶어졌다.

지금까지 구체적인 일자리를 만드는 모델을 만들어보았으니 이제는 확장하거나 지속가능한 플랫폼과 생태계 기반을 만드는 논의를 하고 싶고, 이게 필요하다고 나에게 먼저 말한 셈이다.

전화를 끊고 나니 비로소 실감이 났다.

'이제 지난 10년을 정리할 때가 되었구나'

지난 10년간 내가 해왔던 일들을 반추해 보고, 함께 일했던 동료와 사업을 돌아보는 시간을 가져야겠다는 생각이 났다. 때로는 애증의 시간이 끓어오를 것이고, 때로는 사업성과에 박수치던 시간이 다시 떠오르리라 기대하면서.

전화를 끊고 나니 비로소 실감이 났다.
'이제 지난 10년을 정리할 때가 되었구나'
지난 10년간 내가 해왔던 일들을 반추해 보고,
함께 일했던 동료와 사업을 돌아보는
시간을 가져야겠다는 생각이 났다.

때로는
애증의 시간이 끓어오를 것이고,
때로는
사업성과에 박수치던 시간이
다시 떠오르리라 기대하면서.

이 창업의 끝이 궁금한 사람

　가끔 이 창업의 끝은 어디가 될까 스스로 묻는다. 창업의 끝을 알고 싶기에 창업의 시작을 되짚어본다. 두둑한 밑천을 가진 갑부도 아니었고, '성공적인' 창업가도 아니었다. (성공적인 창업가란 돈도 많이 벌고, 남들을 도와줄 만큼의 넉넉한 인상에, 무엇보다 그 성공신화에 걸맞게 실패의 경험도 많은, 하지만 비즈니스 모델만큼은 무릎을 칠만큼 멋져야 한다)
　2008년 우리나라에서 사회적기업이 시작되었을 당시에는 정부 주도의 일자리 창출을 위한 사회적 대안으로서 사회적기업의 역할이 부여되는 시기였고, 나도 이 시기에 사회적기업을 창업했다. 국가 주도로 사회적기업을 교육시켜서 창업을 하는 '사회적기업 아카데미'가 나오기도 전에 사회적기업을 시작한 셈이었다.

　그저 '사회적', '기업'이라는 단어가 너무 매력적이어서 시작한, 말하자면 '멋진 일'이라는 생각으로 시작한 창업이었다. 뭘 배운 것도 아니었다. 나는 개척 세대였고, 막무가내로 창업을 했다. 물론 나름대로의 이유와 맥락은 있었다.

그저 '사회적', '기업'이라는
단어가 너무 매력적이어서 시작한,
말하자면 '멋진 일'이라는
생각으로 시작한 창업이었다.
뭘 배운 것도 아니었다.
나는 개척 세대이고,
막무가내로 창업을 했다.

나는 오요리아시아를 창업하기 전에 한영미 대표와 함께 사회적기업인 '오가니제이션 요리'를 공동창업한 경험이 있었다. 내 인생 첫 번째 창업 멘토였던 하자센터(서울시립청소년미래진로센터) 김종휘 기획부장의 꼬임(?)에 넘어간 덕분이었다.

"환타(당시 하자센터에서의 내 별명), 기업을 하긴 하는데 돈도 벌고, 사회적인 공동체도 만들 수 있어. 어때? 한 번 해 볼래?"

나는 어찌나 신났던지 남편보다 더 많은 시간을 회사에서 보내며 일에 몰두했다. 요리를 통해 청소년들이 경제적인 자립과 자기 학습을 할 수 있는 기회를 만들어보자는 프로젝트성 창업이었다.

청소년들은 통상 먹는 일을 즐겨하고, 식문화를 통한 교육 프로그램은 언제나 인기가 많았다. 게다가 요리는 몸을 움직이는 일이면서 팀워크를 중시하기 때문에 청소년들의 학습과 일, 경험을 채우는 데도 안성맞춤이었다.

청소년 요리 프로그램에 참여하던 여고생 샨티Shanti가 우리 회사가 운영하는 청소년 교육 프로그램, 영등포 인근 고등학교 특수 학급의 베이킹 교사가 되어 멘토의 어려움과 기쁨을 누리는 것을 지켜보기도 했다. 샨티는 이후 우리 회사의 직원이 되어 이주여성들과 동료로서 다시 마주하는 어엿한 성장 과정을 선사해주었다.

4년이라는 짧지 않은 시간 동안 한영미 공동대표와 나는 자연스럽게 각자 하고 싶은 일이 생겼다. 아직도 기억난다. 영등포 어느 맥줏집에서 한 잔하며 이야기를 나누다가 나는 이렇게 말했다.

"아니, 나는 그렇게 생각하지 않아."

우리 둘은 앞선 몇 년간 힘께 신나게 일하며, '그래, 같이 해보자!' 하고 동의했던 일이 더 많았던 사이였다. 'No'라는 대답은 우리에게 어울리지 않았던 말이었다.

그때부터 한영미 대표는 우리 공동창업의 전신인 청소년과 함께 하는 요리 대안학교 '영셰프'에, 나는 워킹맘으로서 이주여성과 함께 사업하는 쪽에 더 관심을 두기 시작했다. 함께 시작하고 함께 일하는 것만 익숙했던 상황에서, '이제는 어떻게 해야 하나' 고민이 들었다.

답답한 마음에 점쟁이를 찾아갔더니 '한 조직 안에 호랑이가 두 마리'라는 말을 들었다. 나는 고객을 끄덕이며 돌아왔다. 과감히 서로 헤어지자고 했다.

그런데 어떻게 헤어지는지는 잘 몰랐다. 사실 회사

도 하나의 인간관계와 같아서, 사람과 재산을 나누는 과정이 있을 텐데. 우리는 어떻게든 싸우지 않고 잘 헤어지고 싶어서 끙끙거리기도 하고 마음으로 실랑이를 벌이기도 했다.

재산도, 함께 일했던 동료들도 사업별로 구분했고, 공동대표들뿐만 아니라 서로 가족처럼 지내던 직원들도 정식으로 헤어져 법적으로도 다른 회사 사람이 됐다.

나는 7년간 모았던 생명보험을 해지해서 직원들 퇴직금을 줬고, 1톤 트럭 분량의 케이터링 기물을 팔아 사업부를 정리했다. 오요리아시아를 창업하고 그렇게 10년이 흘렀다. 나는 다시 묻는다.

"이 창업의 끝은 어디일까?"

아시아 여성의 삶

무엇이든 처음 시작하는, 이른바 1세대의 기획과 사업은 쉽게 주목받기 마련이다. 오요리아시아를 창업할 때, 나는 사회적기업 생태계에서 꽤 어린 나이에 속했다. 여성이었고, 청소년들과, 어찌 보면 당시 사회적인 이슈에서 가장 주목받던 이주여성들과 사업을 시작했으니 내게 쏟아졌던 큰 관심도 이해할만 했다.

2008년은 한창 결혼 이주여성에 대한 우리나라의 관심이 높아지고, 그만큼 사회문제화되기 시작한 시기였던 것 같다. 낯선 문화의 이방인이었던 사람들이 함께 살아가는 가족이 된다는 것, 특히 이주여성들의 결혼과 출산, 육아를 통해 전에 없던 다문화가 막 생겨나던 때였다. 그러니 우리 회사의 사업을 두고도 이주여성과 청소년, 식문화를 통한 사회통합, 일자리 등 다양한 해석과 평가가 많이 나왔다.

그러나 관심과 긍정적인 해석만 있던 것은 아니었다. 모든 일이 그렇듯 우리에게도 고민이 있었다. 몇 년간 일터에서 만난 인도네시아, 베트남, 러시아 등등 이주여성들과의 만남은 내 일의 출발점이기도 했지만, 풀어야 할 또 다른 과제였기 때문이다.

회사 이름에 '아시아'라고 넣었을 만큼 우리 회사는 아시아 여성들의 (외식업 혹은 서비스업을 통한) 경제적인 자립을 돕는 사회적기업을 지향했다. 회사 이름을 지을 때부터, 사회적기업으로서 우리 회사의 정체성, 즉 이주여성의 일자리를 만드는 일에 대한 고민을 마주하려고 했다. 하지만 이상과 현실은 달랐다.

이주여성들이 가지고 있는 다국적 음식과 문화를 토대로 함께 콘텐츠로 만들면 가치 있는 일자리와 월급은 물론이고 그와 더불어 삶의 자신감도 절로 올라갈 것이라고 생

회사 이름에 '아시아'라고 넣었을 만큼
우리 회사는 아시아 여성들의 (외식업 혹은 서비스업을 통한)
경제적인 자립을 돕는 사회적기업을 지향했다.
회사 이름을 지을 때부터,
사회적기업으로서 우리 회사의 정체성,
즉 이주여성의 일자리를 만드는 일에 대한
고민을 마주하려고 했다.

하지만 이상과 현실은 달랐다.

각했었다. 한마디로, 이주여성의 일자리를 만들었으니 그들의 삶도 당연히 나아지리라 기대했던 셈이다. 그런데 3~4년이 지나도 이 사람들의 일상은 기대했던 만큼 나아지지 않았다.

여전히 남편에게 월급을 숨기거나, 본국에 더 많은 도움을 줘야하거나, 남편이 일자리를 잃게 되어 집안의 가장 역할까지 떠맡게 되는 상황이 벌어졌다. 게다가 심심찮게 이혼까지 감행하는, 여전히 불안한 삶이 지속되고 있었다. 나는 자문하지 않을 수 없었다.

'도대체 여기서 십여 명의 이주여성들을 위해 일자리를 만드는 게 무슨 의미가 있는 걸까?'

나는 다시 멈춰서 내 비즈니스를 점검하기 시작했다.

'문제의 본질은 무엇일까?'

가만히 들여다보니, 우리 일은 말하자면 일종의 시혜적인 성격을 갖고 있었다. 이주여성들에게 일자리를 '만들어주는' 사업으로는 이들의 불안한 삶을 바꿀 수 없었다.

'그러면 어디서부터 시작해야 할까?'

가만히 생각해보니 이들은 한국 남성을 사랑해서 결혼하고 한국으로 오는 경우도 있지만, 자국에서의 어려운 경제 상황을 해결하고자 결혼을 통한 이주를 감행한 것이기도 했다.

그렇다. 문제의 본질은 한국에서의 안정된 삶이 아니라 아시아 여성이 겪는 가난에 있었다.

"차라리 한국에 오지 않고도 자신의 나라에서, 아시아 곳곳에서 경제적인 문제를 해결할 수 있다면, 자연스럽게 한국의 이주여성 문제도 해결의 실마리를 찾을 수 있지 않을까?"

원래 이 생각은 비즈니스를 시작하기 전에 정리했어야 하는 부분이었다. (그래, 맞다. 내 창업은 정말 대책이 없었다) 사실 미리 결론을 만들어놓고 창업을 하는 경우는 없다. 창업을 한지 15년이나 되니 내가 이런 말을 편하게 하는 것 같기도 하다. 이건 참 다행이다. 구체적으로 무엇을 하고 싶은지 더 숙고하는 시간을 가져야 하는 문제였을지도 모르겠다.

여러 부족한 부분이 생기는 건 창업에서 불가피하다고 해도, 경영자로서 반드시 정리해야 했던 점들이 있다. 창업이 주목했던 사회적 문제에 대한 비즈니스의 타당성, 구성원의 전문성, 무엇보다 회사 재무 역량에 대한 점검 말이다.

어쩌면 우리 회사의 사업 연대기는 지속적인 실패 연

대기일지도 모르겠다. 그래서 어느 순간부터는 회사 신규 사업에 투여되어야 하는 에너지, 자금, 사람들을 꼼꼼하게 준비해가면서 덤비는 습관이 생겼다. 다행이라면 참 다행이다. 그러나 사회적인 문제를 해결하고자 사회적기업 창업을 했을 때, 그 창업이 사회혁신과제 해결과 실행에 있어서 반드시 안정적인 결과를 보장한다는 전문가의 검증을 본 적은 아직 한 번도 없다.

이것이 사회적기업가, 나 이지혜의 창업이었다.

"차라리 한국에 오지 않고도
자신의 나라에서, 아시아 곳곳에서
경제적인 문제를 해결할 수 있다면,

"자연스럽게 한국의 이주여성 문제도
해결의 실마리를 찾을 수 있지 않을까?"

02

네팔과 태국, 그런데 어떤 일자리?

지금 다시 그 때로 돌아간다면, 나는 더 많은 이들에게 아시아로 가자고 할 것 같다. 다른 문화에서 살고 있는 사람들과 비즈니스를 한다는 것은 정말로 많은 준비가 필요하고, 그 과정에는 큰 장벽들이 있지만, 목표에 다다르거나 사업의 목표를 공유하는 순간의 즐거움이란! 무엇보다 이런 어려움과 소셜 비즈니스를 즐기는 한국인 모험가들이 모여 이 재능을 갖고 다른 나라로 진출할 수만 있다면, 나는 더더욱 신나는 마음과 자본금을 모아 창업의 길을 낼 수 있을 것 같다.

나는 2011년에 샌프란시스코에서 열리는 SOCAP Social Capital Market, 전 세계 사회적기업의 투자자들과 사회혁신가들의 투자 마켓에 다녀와서 나는 어떤 소셜 비즈니스를 할 수 있는 사람인지, 아시아에서 어떤 사업을 할 수 있는지 그 가능성을 알고 싶었던 참이었다.

때마침 태국 체인지퓨전 ChangeFusion 수닛 Sunit 대표가 나를 치앙마이로 초대했다. 좋은 기회가 있었는데, 상황은 그리 녹록치 않았다. 당시 회사를 단독 대표로 운영하기 시작한지 얼마 안 되었기 때문에 해외 출장을 갈 수 있는 재정적 여력이 전혀 없었다.

그래도 치앙마이를 가봐야 뭔가를 시작할 수 있을 것

같아 이메일을 작성했다. D3쥬빌리파트너스 이덕준 대표님께 후원자를 추천해 주실 수 있냐는 이메일을 보냈는데, 바로 전화를 주셨다.

통장 번호를 알려달라고 하시더니 곧장 비행기 값을 보내주셨고, 덕분에 태국행 비행기를 탈 수 있었다.

이런 상황에서 트래블러스맵과 페어트레이드코리아 두 회사가 네팔 KOICA Korea International Cooperation Agency, 한국국제협력단 사업에 진출했다는 반가운 소식이 들려왔다. 2013년, 나의 친구 사회적기업인 여행사 (주)트래블러스맵 (이하 트래블러스맵)과 공정무역 회사 (주)페어트레이드코리아 (이하 페어트레이드코리아)는 네팔 진출을 본격적으로 서두르고 있었다.

체인지퓨전 수닛과 함께

변형석 대표님과 이미영 대표님, 두 분과의 개인적인 신뢰와 친분 관계도 있었고, 무엇보다 네팔이라는 개발도상국이라면 내가 무엇인가를 해볼 수 있을 것이라고 생각했다.

게다가 내가 '아시아 진출!'이라고 선언하지 않았는가. 태국과 네팔, 두 나라에서 동시다발적으로 사업을 준비하겠다고 미리 계획한 것은 아니었다. 하지만 이것이야말로 운명처럼 다가온 기회라고 생각했고, 두 대표님께 네팔에서 두 회사와 함께 일하고 싶다고 졸랐다. 엄청!

가고 싶었던 네팔과 그녀들의 슬리퍼

사실 오요리아시아는 KOICA사업의 사업주체는 아니었다. 이 사업은 대학과의 파트너십을 통한 국제개발협력사업으로 성공회대학교, 트래블러스맵, 페어트레이드코리아가 주체였고, 우리 회사는 프로젝트의 일환으로 사업 일부를 진행하게 됐다. 사업 일부지만 뭐 어떤가!
 아시아 국가에서 우리 회사가 할 수 있는 일이 있다는 건 좋은 기회라고 생각했다. 그래서 우리 회사는 KOICA사업에서 여행자 카페를 운영하는 프로젝트를 같이 준비했다. 그리고……. 나는 준비과정에 들어가서야 네팔에 대해 아무것도 모른다는 사실을 깨달았다. 네팔 현지 사전 리서치를 마친 변형석 대표가 가져온 네팔 커피와 차, 몇 장의 사진만 보고 네팔에 대해 안다고 착각했다.

이 나라 사람들도 모르고, 무엇을 먹는지도 잘 모르고, 무엇을 좋아하는지도 모르고…….

참으로 알 수 없는 나의 성향, '아무것도 모르는데, 시작해도 될 것 같다'는 근거 없는 배짱. 지금 생각해보면 그건 배짱이라기보다 무식해서 용감했고, 혼자가 아니라 든든한 사회적 파트너가 있었기 때문에 용기를 낼 수 있었다.

아무튼 용감하게 우리 회사도 한국인 바리스타를 엄선해 보냈다. 전기와 수돗물이 간헐적으로 공급되는 숙소에서 흙바닥에 침낭을 깔고 잠을 청했다. 네팔 사회적기업 활성화 센터(Social Enterprise Activation Center, 이하 S.E.A. 센터) 오픈과 1층 카페 오픈을 현지 네팔리들과 함께 준비했다.

드디어 함께 일할 네팔리를 뽑는 면접 날이 되었다. 싱글맘을 모집한다는 공고를 네팔리 대표님들에게 부탁드리고, 오픈을 서둘렀다. 그날 오후부터 사람들이 면접을 보러 왔는데 내가 상상(?)했던 것과는 전혀 다른 모습이었다.

내가 카트만두라는 대도시에서 만났던 네팔리 여성들과, 면접을 보러온 그녀들은 전혀 달랐다.

한 면접자가 신고 있었던 신발. 버스로 4시간을 달려왔다는 그분의 신발은 양말이 필요 없는 슬리퍼였다. 질문을 통역을 거쳐서 여러가지 질문을 했지만 돌아오는 건 '나는 일자리가 필요해', '아이들을 돌봐야 해' 정도의 대답이었다.

네다섯 명의 면접을 보고나서 내가 고민한 건, '내가 이 분들을 위한 카페와 일자리를 만들 수 있을까?'였다. 내가 생각하던 카트만두 라짐팟의 카페는 외국인 대사관 손님들을 대상으로 제대로 된 커피를 제대로 팔아야했고, 그들과 친절하고 당당하게 눈도 마칠 수 있어야 했고, 무엇보다 네팔인만의 생생한 미소가 돋보이는 서비스를 할 수 있는 사람이어야 했다. 하지만 면접을 보러 온 싱글맘 대부분은 지쳐있었고 그들의 얼굴에는 가난하고 어려운 삶이 그대로 녹아 있었다.

식당은 자신의 얼굴을 보여주지 않고 노동을 해도 무방한, 어찌 보면 일종의 숨겨진 공간이다. 하지만 카페는 음료를 서빙하고, 오가는 손님과 인사하고 주변 분위기를 편안하게 만들어내야 하는 서비스의 최전선이다.
당장 일자리를 필요로 하는 사람들에게 나는 무엇을 요구해야 할까? 결국 이분들과 인연은 더 닿지 않았지만, 내가 이들을 만나면서 충격 받았다는 사실 그 자체가 참으로 충격적이었다.

내가 네팔에서 하고 싶던 사업은 넘어야 할 산이 너

무 많았다. 주변의 시선도 그중 하나였다. 당시 한국 사회적 기업체 3개사의 동반 진출은 네팔 현지의 한인사회와 여러 NGO 사이에서도 소문이 났다. 학교를 짓거나 기부를 하는 것이 더 필요하지 않냐는 문제제기, 비싼 라짐팟 한가운데 건물을 임대해서 사람들을 고용하겠다니 그게 맞는 거냐는 비판, 게다가 사회적 '기업'은 또 무엇이냐는 의문까지.

트래블러스맵은 한국에서 이주노동을 마치고 돌아온 네팔리들과 함께 네팔 여행 상품을 개발했고, 페어트레이드 코리아는 공정무역 제품 개발과 디자인 교육을 했다. 우리는 카페를 준비하고 묵묵히 운영할 수밖에 없었다. 자꾸 변명하듯 설명하기보다 그냥 우리의 비즈니스를 실제로 일궈내는 것이 더 낫겠다는 생각이 들었다. 실제로 누군가에게 세세히 설명하기에는 네팔 비즈니스에서 파생된 도전 과제가 엄청 어려웠기 때문에 누구를 만날 여력조차 없었다. 그리고 우리는 3년간 정말 묵묵히 그 자리를 지키며 열심히 영업을 했다.

끝을 모르고 달리는 야생마처럼

KOICA가 네팔 사업의 마중물을 부었다면, 태국에서는 LG

참으로 알 수 없는 나의 성향,
'아무것도 모르는데,
시작해도 될 것 같다'는 근거 없는 배짱.

지금 생각해보면 그건 배짱이라기보다
무식해서 용감했고,
혼자가 아니라 든든한
사회적 파트너가 있었기 때문에
용기를 낼 수 있었다.

소셜펀드-사회연대은행이었다. 2013년 당시 아시아 진출이라는 거대한 미션에 친환경 LG소셜펀드-사회연대은행의 동참은 소중한 응원이자 큰 힘이 되었다.

덕분에 태국 치앙마이에서 그것도 가장 핫하다는 님만해민 거리에서 비스트로를 오픈할 수 있었다. 게다가 옆에는 태국의 사회적기업인 오픈 드림Opendream의 지사가 있었다.

태국 소셜벤쳐 인큐베이팅 회사인 체인지퓨전 대표 수닛, 태국 IT 소셜벤쳐 오픈 드림 대표 능Neung 과 겡keng, 한국 소셜벤쳐 여행사 플레이플래닛 등 아시아 사회적기업들이 한 자리에 뭉쳤다. 지금은 아시아를 대표하는 소셜벤쳐 여행사 로컬 어라이크Local Alike가 사회적기업을 주제로 우리 레스토랑 'OYORI the Grill'에서 여행 프로그램을 진행하기도 했다.

국경과 가까운 치앙마이에는 태국뿐만 아니라 미얀마 등에서 온 많은 청소년들이 신분증 없이 살아가고 있었고, 노예처럼 음식점 주인에게 신분을 저당 잡혀 값싼 노동을 하고 있었다. 가끔 음식점에 가면 어린 청소년들이 음식을 해내오기도 했는데, 우리 태국인 직원들이 불법 어린이 노동자라고 일러주기도 했다.

우리 레스토랑에서는 무국적 고아를 돌보는 한국인 목사님과 함께 살고 있는 직업훈련생도 일했고, 글로벌 사회혁신가 네트워크인 아쇼카Ashoka 펠로우인 란다완Randawan 할머니가 보낸 동네 오토바이 청소년(소위 말하는 비행청소년)도 와서 일을 배웠다. 훈련하는 청소년들을 합법적으로 고용하거나 임금을 주기 위해서 고용주인 태국 오요리아시아도 엄청난 비용과 노력을 기울였다. 때로 행정적 도움을 구하기 위해 매니저가 치앙마이 시청에 들어가 여러 차례 설명하기도 했으나, 돌아오는 건 '그냥 너희들이 알아서 하라'는 대답뿐이었다. 고군분투하던 우리의 노력을 태국 파트너인 체인지 퓨전 수닛과 태국 아쇼카재단, 태국 사회적기업가들과 모여서 이야기하면,

"아 미안해, 우리나라가 이렇다네……."
"괜찮아, 우리 한국도 이럴 때 많아."

이런 대화를 주고받았다. 어느 사회나 국경에 상관없이 사회의 치부를 모른 체 하고 싶은 공무원들은 어디든 존재하는 것 같았다. 치앙마이, 님만해민 근처에서 우리 레스토랑 'OYORI the Grill'이 자리를 잡기 시작할 무렵인 2015년 1월, 갑자기 황당한 일이 벌어졌다. 우리가 큰돈을 들여 레스토랑에 2차 리노베이션하는 걸 모른 척 하던 태국인 건

물주가 갑자기 건물에서 나가달라고 통보했다. 소위 말하는 '젠트리피케이션Gentrification'을 당한 것이다.

마음 좋고 솜씨 좋은 총괄 매니저와 함께 주방 기물들을 팔았고, 남은 돈으로 태국 직원들의 퇴직금을 줬고, 매니저와 같이 울면서 사업을 함께 정리했다.

함께 일했던 직원들과는 지금도 가끔 연락한다. 성소수자였던 우리 매니저는 정말 착했다. 뭐랄까, 그냥 물정 모르는 이방인을 이해할 수 있는 사람이었던 것 같고, 우리 레스토랑을 떠나고도 회사를 잘 정리할 수 있도록 도와줬던 사람. 태국 사회에서 이방인인 자기의 처지와 우리가 비슷하다고 생각했는지 늘 태국사회와 태국인, 외식업 비즈니스에 대한 조언을 아끼지 않았다. 우리 회사 주변엔 늘 이렇게 좋은 사람들이 더 많았던 것 같다. 비록 건물주는 아니었지만.

2013년은 아무리 생각해도 끝이 어딘지도 모르고 달리는 미친 야생마 같은 한 해였다. 2013년에 태국, 네팔의 레스토랑을 동시에 오픈했으니, 한 달에 한두 번은 태국과 네팔을 오가는 식이었다. 페이스북에서 가끔 툭 튀어나오는 몇 년 전 사진, 사업에 대한 절절한 반성과 계획을 보다 보면 지금도 그때처럼 '아시아로 가보자'고 사람들을 꼬실 수 있는지 스스로 물어본다.

지금 다시 그 때로 돌아간다면, 나는 더 많은 이들에게 아시아로 가자고 할 것 같다. 다른 문화에서 살고 있는 사람들과 비즈니스를 한다는 것은 정말로 많은 준비가 필요하고, 그 과정에는 큰 장벽들이 있지만, 목표에 다다르거나 사업의 목표를 공유하는 순간의 즐거움이란! 무엇보다 이런 어려움과 소셜 비즈니스를 즐기는 한국인 모험가들이 모여 이 재능을 갖고 다른 나라로 진출할 수만 있다면, 나는 더더욱 신나는 마음과 자본금을 모아 창업의 길을 낼 수 있을 것 같다.

당장 일자리를 필요로 하는 사람들에게
나는 무엇을 요구해야 할까?

결국 이분들과 인연은 더 닿지 않았지만,
내가 이들을 만나면서
충격 받았다는 사실 그 자체가
참으로 충격적이었다.

03

창업가를 배출하는 창업

이렇게 이들은 참새가 방앗간을 지나듯, 돈이 필요하면, 가끔 형, 누나 같은 이들이 그리우면, 맛있는 점심밥을 먹을 수 있는 일거리가 필요하면 우리 회사 레스토랑에 찾아오는 것 같다. 나는 가끔 우리 회사 레스토랑의 존재 이유에 대해서 스스로 물어본다.

"왜 우리는 계속 이 비즈니스를 해야 하는가?"

2021년, 올해로 나와 함께 9년간 일한 신승환 셰프는 레스토랑 '떼레노'를 오픈하기 전에 나에게 이렇게 물었다.

"대표님, 이렇게 해서 어떻게 월급을 더 많이 줄 수 있나요?"

2014년 당시, 나는 이주여성들과 함께 아시안퓨전 레스토랑 '홍대 오요리'를 운영하고 있었다. 당시 우리는 아시안퓨전 요리를 위한 이주여성의 선생님이 필요했다.

구체적으로 원했던 교육 내용은 기본적인 면 볶는 방법, 주방에서 익숙해져야 할 일의 순서 등 업장에서 필요한 기본적인 요령에서 발전해 좀 더 프로다운 기술과 지식을 습득했으면 하는 마음이 컸다.

여기저기 수소문하던 차에 드디어 만난 사람이 바로 신승환 셰프다. 처음 만나 이런저런 학습목표를 이야기하던 중, 내가 툭 내던진 말이 우리 관계의 시작이 되었다.

다른 관점으로 보다

"베트남 여성 등 동남아에서 오신 이주여성들이 체구가 너무 작아서 주방 일에 맞지 않는다는 한국 요리사(대부분 남성)들의 지적이 많아서 자꾸 마음에 걸려요. 내가 이 사람들을 적절하지 않은 공간에서 일하게 하는 건 아닐까? 외식업으로 이주여성과 일하자는 것이 잘못된 것은 아닐까 하구요."

신 셰프는 며칠 뒤 나에게 진지하게 해답을 주었다.

"대표님, 간단하게 팬을 바꾸면 되는 거 아닌가요?"

당시에 우리는 중국집에서 쓰는 대단히 큰 웍을 사용하고 있었다. 셰프님은 우리가 요리하는 모습을 보곤 2인분 이상을 볶지 않기 때문에 자신의 몸만큼 큰 프라이팬을 사용하지 않아도 된다고 했다.

몇 년간 이주여성들과 함께 일해 온 나에게 다른 주방 셰프들은 '체구가 작은 여성, 말이 안 통하는 여성'이라고 존재를 단정짓고 함께 일하기 불편한 존재로만 이야기했었는데, 신 셰프는 나에게 이들을 괴롭혔던 '시스템'을 바꾸면 된다는 혁신적인 제안을 한 것이다.

한마디로 '유레카!'였다. 나는 결심했다.

'이 사람과 일해야 한다!'

하지만 나는 신 셰프와 함께 일하기 위해 1년을 기다려야 했다. 나중에 신 셰프가 이야기하길, 당시 주방이 너무 작고 소박해서 일하기 좀 어려워보였다고 했다. (뭐 회사에 돈이 없어보였다는 이야기였겠지. 실제 나는 정말 적은 급여를

"베트남 여성 등
동남아에서 오신 이주여성들이
체구가 너무 작아서
주방 일에 맞지 않는다는
한국 요리사(대부분 남성)들의 지적이 많아서
자꾸 마음에 걸려요.
내가 이 사람들을 적절하지 않은 공간에서
일하게 하는 건 아닐까?
외식업으로 이주여성과 일하자는 것이
잘못된 것은 아닐까 하구요."

신 셰프는 며칠 뒤
나에게 진지하게 해답을 주었다.

"대표님,
간단하게 팬을 바꾸면
되는 거 아닌가요?"

제안했고, 나와 함께 태국이며 네팔이며, 이주여성을 비롯한 여러 취약한 사람들을 위한 일들을 같이 해보자고 제안했었다. 그리고 신 셰프는 결혼과 동시에 우리 회사에 입사를 했고, 'OYORI the Grill'가 오픈 예정인 치앙마이로 2개월 동안의 신혼여행을 다녀왔다)

다음해, 나는 우리 회사 대주주이신 한 대표님을 설득하기 위해 신 셰프와 함께 투자 협상 테이블에 앉았다. 건물주와 투자 결정을 마무리 짓고 정신없이 신규 레스토랑을 준비하면서, 신 셰프가 나에게 했던 질문이 있었다.

"대표님, 15,000원짜리 밥을 팔아 언제 이 사람들 월급을 많이 올려 줄 수 있나요?"

'사회적인 일을 하는 사람인 내가 십 만원이 넘는 스테이크를 먹고 만드는 일을 하는 것이 맞나?'라는 질문에, 대답 대신 되돌려준 신 셰프의 질문이었다. 그렇게 해서 우리는 북촌 한옥마을에, 사회적기업 이미지에는 맞지 않아 보이는 건물에, 멋진 스패니시 파인 다이닝을 오픈하였다.

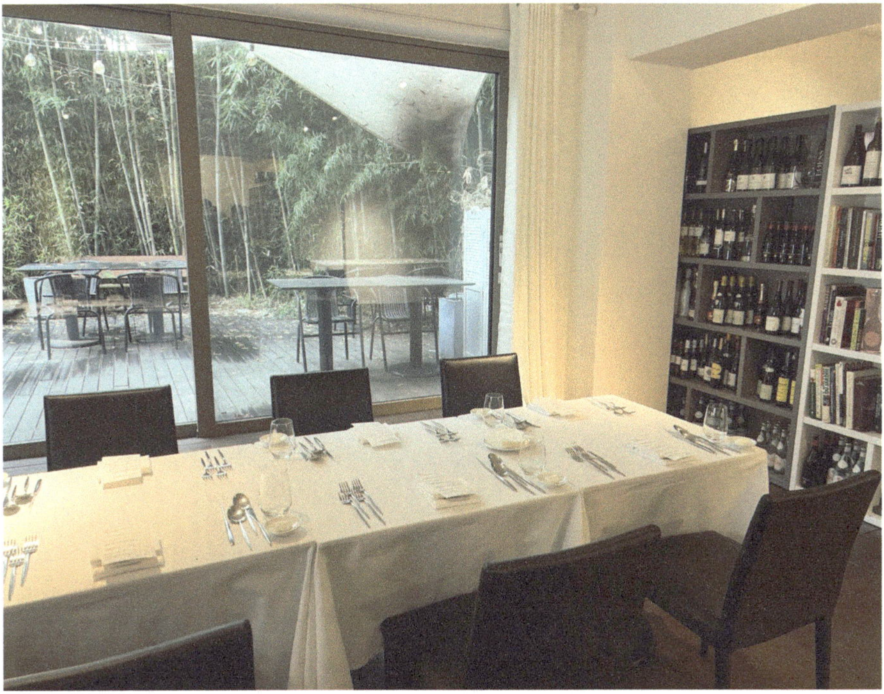

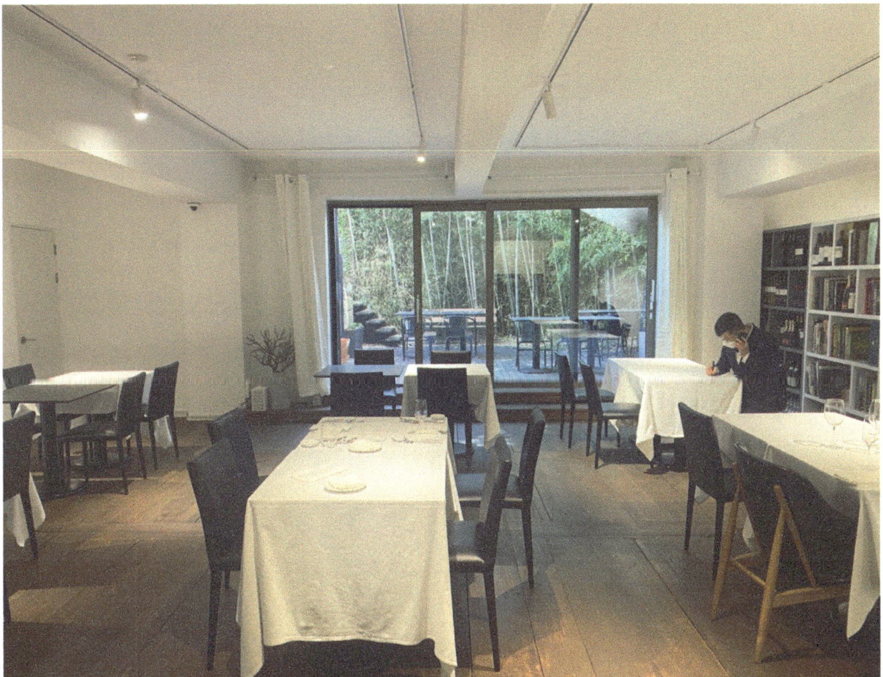

우리 건물에는 시각장애인 사회적기업 (주)엔비전스가 주관하는 체험전시인 '어둠속의 대화'도 있었다.

사람을 키우는 공간이라는 취지에 맞는 건물의 이웃과 투자자, 그리고 스페인어로 '땅'이라는 의미의 '떼레노'라는 이름까지. 무척 자랑스러웠던 우리의 순간으로 기억난다.

우리 비즈니스의 이유

2016년 11월, 우리와 함께 5년간 일했던 베트남 엄마, 김은영(가명) 씨가 아시안레스토랑의 창업 멤버가 되었다. 장승배기역 3번 출구 근처 2층에 자리 잡은 '아시안보울'이었다. 이 레스토랑을 오픈하기 몇 년 전부터 나는 김은영 씨와 같은 이주여성 싱글맘들을 돌보는 일을 해오시던 권오희 수녀님과 창업 논의를 하고 있었다.

2011년, 레스토랑 '홍대 오요리'의 인턴십과 정규직으로 이주여성들과 프로그램을 진행한 후 나는 지속적으로 권오희 수녀님처럼 사회적으로 취약한 분들을 돌보는 '그룹'과 일을 했다. 오요리아시아는 사회적'기업'이기 때문에 개인의 삶이나 취약지점들을 NGO처럼 돌보는 일보다는 이 분들의 '일자리'를 안정적으로 만들고 급여를 제대로 주는

일이 더 중요한 일이었다.

뭐랄까, 회사 혼자 어떤 적정선 없이, 이 분들의 개인적인 형편과 소소하고 어려운 상황까지 계속 신경쓰다보면 사회적기업으로서 해야 할 본연의 임무에 집중할 수 없을 것 같았다.

즉, 일자리가 필요한 사람들에게 제대로 된 일자리에 대한 학습과 기회를 주고, 좀 더 경제적인 자립을 위한 기반을 마련할 수 있도록 하는 것이 우리 회사가 제대로 할 수 있는 일이라고 생각했다.

그래서 싱글맘 이주여성의 자립을 위한 그룹과 일을 하면서도, 우리 회사는 '일자리'를 통한 경제적인 자립의 역할을 맡는 것이 맞다고 생각했다. 각자의 역할을 확실히 구분하는 대신 우리는 싱글맘 이주여성의 경제적 자립에 집중하고, 개인적인 삶의 취약점을 돕는 그룹과는 장기적인 관점에서의 계획과 협력을 필수적으로 가져가자는 것이다.

3년 정도 지나고 나니, 김은영 씨는 회사 생활에도 어느 정도 적응해 어엿한 워킹맘의 삶을 살아낼 만큼 노련해졌다. 실제 우리 회사는 외식업임에도 주 5일제를 지키고 있었고, 김은영 씨도 육아를 위해 저녁시간대 근무를 하지 않는 등 함께 노력했다.

실제 레스토랑 현장에서 일하는 한국인 직원에 대한 근무 조건보다 이주여성 워킹맘의 근무 조건을 더 염두에 두고 스케줄을 짜기도 했다. 그리고 시간이 지나 드디어 김은영 씨는 독립을 준비하게 되었다.

솔직히 말해서 국적을 불문하고 한국에서 싱글맘이 창업을 준비한다는 것이 얼마나 어려운 일이던가. 창업을 염두에 두고 있던 1년 전, 오요리아시아와의 인터뷰에서 김은영 씨는 다음과 같이 말했다.

"나도 이제 누구의 엄마가 아니라 나 개인적으로 하고 싶은 일을 하고 싶어졌어요."

이렇게 말하기까지 5년이라는 시간이 흘렀다. 월급만 받아도 좋겠다며 함께 일하기 시작한 지 약 4년 만에 이제 독립해서 나만의 가게를 차리고 싶다는 말을 하기까지 정말 많은 시간이 흘렀다. 열아홉 번 만에 한식 조리사 자격을 따기도 했고, 이런저런 이유로 한국인들과 함께 일하는 주방이 답답해지기도 했을 것이다.

마침내 창업, 이 창업에는 우리 회사 많은 이들이 도왔다. 셰프는 주방 기획과 메뉴를, 나는 입지 조건과 지원금을, 오요리아시아 직원들은 마케팅과 교육 등 모두 각자의 자리

"나도 이제
누구의 엄마가 아니라

나 개인적으로
하고 싶은 일을
하고 싶어졌어요."

에서 김은영 씨의 창업을 도왔고 창업하는 그녀의 용기에 많은 응원을 보냈다. 그리고 또 하나의 좋은 소식이 들려왔다. 몇 년간 모은 통장을 꺼낼만큼 큰 용기를 낸 김은영 씨에게 권오희 수녀님이 앞으로의 길을 함께 걸어가자며 손을 내미셨다. 우리 회사는 새로운 길을 가려는 분들에게 이런 일의 준비와 시작점을 마련했을 뿐이었다. 그리고 2017년 1월, 나는 뜨끈한 쌀국수를 먹으러 잠시 그녀의 가게에 들렀다.

그녀는 나를 보자마자,

"대표님, 작년 12월 '떼레노' 매출은 어땠나요?"

이제 이 사람은 나와 같이 연말 특수를 맛본 외식업의 한가운데 있는 주인공이 되었던 것이다. 매출도, 메뉴도, 고객도 이제 자신의 일이 되었으니 만나서 해야 할 이야기도, 나와의 '관계'도 달라졌다는 그 사실이 참으로 신기한 경험이었다.

이제 이 사람은
나와 같이 연말 특수를 맛본
외식업의 한가운데 있는 주인공이
되었던 것이다.

매출도, 메뉴도, 고객도
이제 자신의 일이 되었으니
만나서 해야 할 이야기도,
나와의 '관계'도 달라졌다는
그 사실이 참으로 신기한 경험이었다.

벌금 650만원의 아픈 추억

2018년, 회사 창업 이래 처음으로 노동청에서 고발을 당해봤고, 그 벌금은 무려 650만 원이었다. 오요리아시아 창업과 동시에 우리는 이주여성과 함께 학교 밖 청소년, 보육원 청소년들의 직업 교육 혹은 학습을 하고 있었다.

당연히 이 일을 하고 싶은, 청소년들을 대상으로 다양한 체험 프로그램도 진행했고, 학교 밖 청소년들의 하루 4시간짜리 체험도 진행하고, 아침 10시부터 밤 10시까지 하루짜리 체험도 운영했다.

처음엔 체험과 단기 인턴십, 장기 인턴십을 기간별로 나눠서 했다. 그리고 시간이 지나자, 몇 년간 우리와 함께 생활(?)해온 청소년들이 생겨나기 시작했다. 청소년들은 때론 친한 동네 형, 누나를 만나러 오기도 했고, 맛있는 밥을 먹으러, 또 손님들을 만나러 오기도 했다. 물론 모든 과정에는 직원 훈련 혹은 교육생으로서 교육비가 제공되었다.

셰프의 지휘 아래 값비싼 고기를 부위별로 맛보거나 송로버섯과 캐비어를 맛보기도 했다. 모두 교육의 일환이었다. 이 과정에서 청소년들이 무지막지한 실수도 많이 하면서 욕을 먹기도 했지만, 그 누구도 이 일터에서 나가라고 하지는 않았다.

주방에서의 실수는 용납되었지만 부지런하지 않거나 정직하지 않으면, 무엇보다 일하고 싶지 않은 사람은 용납할 수 없었다. 일에 대한 의지가 있는 사람들이 함께 일을 해야 청소년들도 더 동기부여가 될 수 있고, 일을 가르쳐주는 선배들도 업에 대한 자부심을 느낄 수 있다고 생각했다. 이렇게 우리만의 공동체를 만들어갔지만, 이후 벌어질 일을 생각하면 이건 우리만의 생각이었는지도 모른다.

일단 박진영(가명)은 홈스쿨러였고, 우리와 함께 3년이 넘게 교육 과정에 있었다. 요리는 못하지만 요리사라는 직업을 체험해 보고 싶었던 그는 어느 순간 단기 인턴십과 장기 인턴십을 마치며 해를 거듭할수록 진지한 태도로 요리에 임했다. 콜드 파트에서 핫 파트로 넘어갈 만큼 최선을 다했다. 그래서 우리는 그에게 정규직 일자리를 제안했다. 물론 그 이전에는 인턴십 학습 계약서, 부모 동의서, 학습과정에 대한 멘토 평가서 등 담당자 배치까지 하면서 최선을 다해 학습과정을 도왔다.

그리고 박진영은 9개월 정규직으로서의 생활을 마감하면서 퇴직금 관련 문의를 전해왔다. 나에게 퇴직금이란, 정규직의 1년을 채워야 하는 노동법상의 권리와 책임이 담긴 이슈였다. 상담을 하며 1년을 채우지 못한 직원에게는 퇴직금을 줄 수 없다고 이야기했고, 일이 그렇게 정리되고 퇴사를 하는 줄 알았다.

몇 주가 지났다. 노동청으로부터 연락이 왔다. 퇴직금을 주지 않은 것으로 고발을 당했다는 것이다. 당황스러워 할 틈도 없이 그 당시 인턴십 계약서, 학습계약서, 부모 동의서 등 한 뼘이 넘는 증빙서류를 제출하고, 우리는 '조정절차' 이야기를 들었다.

나는 가슴이 벌렁거렸다. 함께 일했던 이들은 모두 화를 냈고, 한숨이 끊이지 않았던 그때를 기억한다. 노동청 조정관의 판단에 의하면 우리 회사가 사회적기업이든 무엇이든, 당사자와 합의를 했든 아니든 하루 4시간 이하의 교육시간을 지키지 않은 것은 학습이 아니며, 이후의 모든 시간은 '노동행위'에 해당한다고 했다.

그 말에 따르면 우리는 장기 인턴십 기간부터 근로자와 고용주의 관계를 유지하고 있었던 것이었다. 결국 합의금 650만 원으로 사건을 마무리했다. (그의 어머니는 더 많은 보상금을 주장했는데, 조정관 측에서도 무리한 요구라며 중재했다고 한다)

그럼에도 불구하고 우리가 함께 일하는 이들은

생각할수록 그 때는 정말 힘이 빠지는 시기였다. 우리가 함께한 청소년이 그런 생각을 했다는 사실도 받아들이기도 어려웠다. 나는 경영자로서 청소년 직업훈련이 합법적인 상태로 유지되도록 제대로 알아보지 않은 채 무지함 속에서 일을 해왔던 것이다. (이후 우리는 약 1년간 청소년과 관련된 프로그램을 진행하지 않았다. 사실 함께 교육의 과정에서 보람을 느끼며 일하던 직원들이나 신승환 셰프조차 허탈감을 감추지 못했다. 우리 또한 사람이므로 감정을 좀 더 정리하는 것이 낫겠다는 생각이 들었다)

그 후로 직업훈련은 하루 4시간을 넘기지 않는다. 학습과정 또한 노무사의 점검을 받아 법에 근거한 직업훈련만 고집하고 있다. 그해 대안학교에서 일학습을 담당하는 선생님들과 워크숍을 할 기회가 생겼는데, 내가 이 상황을 공유하면서 당부했던 것이 있다. 청소년들의 일학습을 위한 제안을 하기 위해서는 선생님들도 노동법을 알아야 한다고 말이다. 이제 순수하게 일을 '체험'만 하는 청소년 현장학습을 하기 어렵고, 일을 하는 현장이니만큼 늘 진지하게 임해야 하기에 체험과 노동을 구분해가며 불법과 합법의 경계를 오고갈 수는 없다.

그럼에도 불구하고 우리는 여전히 보육원을 퇴소한 청년과 함께 일하고 있다. 어떤 친구는 인턴십부터 시작해 정규직으로 일하기도 하고, 또 회사를 그만둔 친구 중에서도 가끔 다시 돌아와 일하는 청년들도 있다. 김한석(가명), 이준일(가명)은 5년 전부터 우리와 함께 단기체험, 장기체험, 정규직까지 일했던 친구들이다.

우리 회사는 서울과 경기지역 보육원협의회에 연락해 관심 있는 친구들을 모으고, 기본 주방 체험부터 프로그램을 몇 년간 이어왔다. 그중 어떤 친구는 고2 여름방학 때부터 함께 해 고3 졸업 후에 취직한 사례도 있다. 물론 학교를 다니는 동안에는 학업에 충실하고 방학 때마다 학습과 일을 병행하는 식이었다. 서로 쉽지 않은 과정이다. 당연히 정규직까지 계속 이어지기가 어렵다.

가끔 사람들이 나에게 질문을 한다. 이 청년들은 자신들이 필요해서 시작한 일인데, 이 일을 왜 끝까지 직업으로 삼지 못하느냐고. 이 일을 지속적으로 하기 어려운 이유는 이들의 인내심이 부족하거나 동기가 없기 때문이 아니라고 생각한다.

오히려 동기는 여러가지다. 그런데 돈이 더욱 절실하거나, 함께 동거하는 친구들이 아프거나, 주거가 바뀌거나, 돈을 조금 더 벌 수 있는 다른 기회가 생기면 다른 길을 찾아 떠나는 것이다.

며칠 전 '떼레노'에 갔다가 낯익은 얼굴의 홀 알바생을 보았다. 지출 결의서에 사인했던 김한석이 또 와 있는 것이다. 지난번엔 청담동 어딘가에서 일한다고 들었는데, 요즘은 인터넷 사업을 하고 있다고 했다.

이렇게 이들은 참새가 방앗간을 지나듯, 돈이 필요하면, 가끔 형, 누나 같은 이들이 그리우면, 맛있는 점심밥을 먹을 수 있는 일거리가 필요하면 우리 회사 레스토랑에 찾아오는 것 같다. 나는 가끔 우리 회사 레스토랑의 존재 이유에 대해서 스스로 물어본다.

"왜 우리는 계속 이 비즈니스를 해야 하는가?"

내 답은 이렇다. 이 친구들이 언제든 일할 수 있는 곳(당연히 자신의 기술과 동기가 있어야 하지만), 돈이 필요하면 언제든 잠시라도 일자리를 내어줄 수 있는 곳이 여전히 우리에겐 너무 많이 필요하다. 그래서 우리는 계속 존재해야 하며, 비즈니스도 더 좋아져야 한다.

"왜 우리는 계속
이 비즈니스를 해야 하는가?"

내 답은 이렇다.

이 친구들이 언제든 일할 수 있는 곳
(당연히 자신의 기술과 동기가 있어야 하지만),
돈이 필요하면 언제든 잠시라도
일자리를 내어줄 수 있는 곳이
여전히 우리에겐 너무 많이 필요하다.

그래서 우리 회사 레스토랑은
계속 존재해야하며,
비즈니스도 더 좋아져야 한다.

04

영월과 제주, 태도와 마음

생판 모르는 서울 외지인에게 지역 문제를 해결하자고 하는 건 어떻게 보면 가장 마지막에 온 문제지일지도 모른다. 그런데 우리는 또 우리 스스로를 전문가라 말하며 나타나지 않았는가? 문제의 본질을 알아가는 데 있어 가장 중요한 것은 문제를 알아가려는 '태도'임을, 사람들의 마음을 알아보려는 '마음' 그 자체임을. 그것이 없이는 어떤 지역의 문제도 해결할 수 없음을, 마지막 문제지에 답변을 써낸다면 이것이다.

요즘 도시재생 씬에서 우리 회사를 초대한다. 그 이유는 우리 회사가 강원도 영월 폐광지역에서 석항 트레인 스테이 사업을 했기 때문이라고 생각한다. 이 곳은 2018년에서 2021년 3월까지 석항역이라는, 더 이상 기차가 정차하지 않는 폐역사에 열차를 가져다가 게스트하우스와 식당, 카페로 만들어서 운영한 기차 게스트하우스이다. 이 게스트하우스를 운영하면서 우리는 강원도에 첫 발을 내딛었다.

춘천도, 강릉도, 속초도 아닌 영월. 내 생애 처음으로 하루 종일 10명의 외지인도 드나들지 않는 이 폐광지역에서 외식업과 숙박업을 운영했다. 영월군은 요즘처럼 비대면, 캠핑, 힐링이 주요한 키워드로 자리 잡고 있는 팬데믹 여

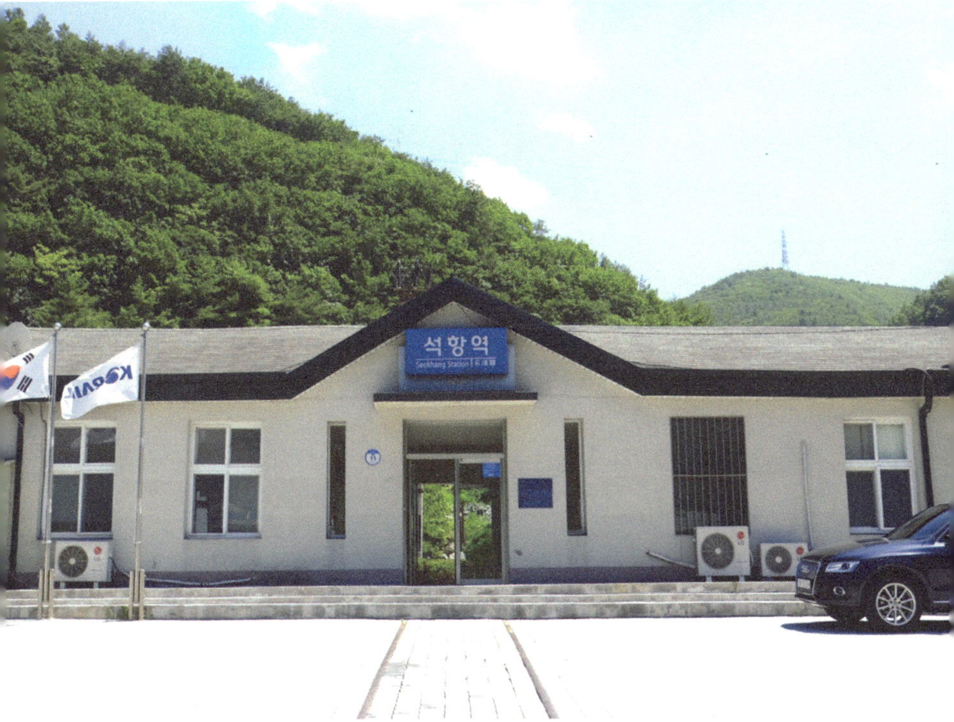
석항역
Seokhang Station

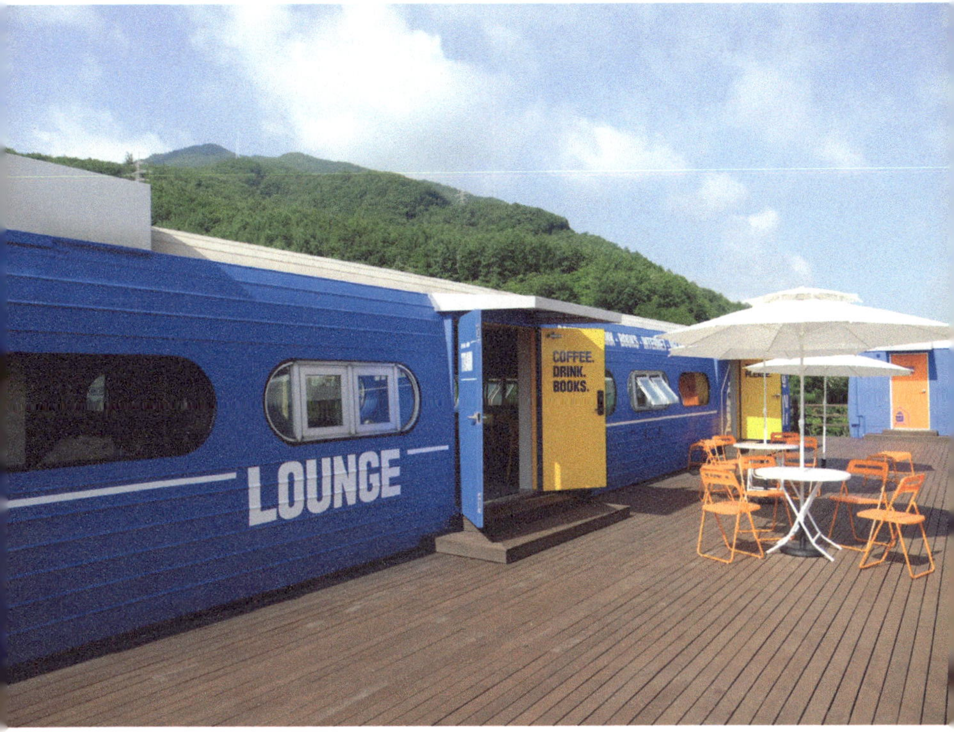
COFFEE.
DRINK.
BOOKS.
LOUNGE

행 트렌드에 걸맞게 조용하고 고즈넉한 동네로, 자연을 즐길 수 있는 한적한 여행지로 유명해지고 있다. 하지만 2018년만 해도 영월 사업을 시작한다는 나에게 '왜?', '강원도 영월?'이라는 질문이 쏟아졌다.

작은 성공과 존재의 증명

우리는 영월군과 이 사업을 시작하기 전에 위탁 계약서를 작성했다. 석항역 인근 주민들과 일자리를 함께 만들고, 3년 후에는 주민들이 사업의 주인이 되도록 인큐베이팅 한다는 것이 계약서의 핵심이었다. 말이 인큐베이팅이지, 솔직히 외지인이 한 명도 오지 않는 시골에서 관광객을 모아 어떻게 사업을 한단 말인가.

    이 사업을 시작한 이유는 대방동에 있는 서울여성플라자 사업 직후 우리 회사의 발전 방향에 대한 고민 때문이었다. 그래서 숙박업의 노하우도 익히고, 대형 사업을 진행한 다음의 행로를 어떻게 이어갈까를 알고 싶었다.
    서울여성플라자 사업은 대형 공공시설 최초로 사회적기업이 서울시여성가족재단으로부터 받은 사업이다. 이전 사업자는 삼성에버랜드(주) (이하 삼성에버랜드)였고, 고용승

계를 받은 25명은 삼성에버랜드보다 더 오랫동안 이 시설에서 일해 온 하청업체 직원들이었다.

한 해 매출 30억 원을 온전히 우리 회사 직원들이 모두 벌었다고 생각해보라, 얼마나 개미처럼 일했을까. 이때 배운 것이 있는데, 작은 성공의 경험이 다음 성공 경험을 촉발한다는 것. 5천 원짜리 급식을 7천 원으로 업셀링하는 마케팅 담당자들, 영양사들의 성공신화가 3만 원짜리 뷔페 메뉴를 만들 수 있는 에너지가 된다는 것. 그동안 나는 '이정도면 됐어, 우리가 성공한다는 건 어려울 일이야'라는 생각이 더 많았던 것 같다.

뭐랄까, 외식업 전문가도 아닌 내가 사회적인 혁신이 더 목적인 사회적기업을 하는 것이니, 사업 전문가는 따로 있을 것이라고 생각했던 것 같다. 돌이켜 생각해보면 나는 내가 이 일의 주인이 아니라 다른 누군가가 주인공이라고 생각하면서 외식업 회사의 경영자라는 정체성을 나의 1순위로 놓고 있지는 않았던 것 같다.

서울여성플라자 사업 첫 날이 기억난다. 2015년 1월 1일, 주방 여사님들은 새 사장이 왔네 마네 하면서 듣는 둥 마는 둥 하시고, 마케팅 담당자들은 어디 너희 한번 얼마나 잘하나 보자 하는 표정이었다. 나 또한 대기업 하청업체 직원이었던 분들이 어떻게 우리처럼 작은 사회적기업과 함께 일할지 몹시 떨리는 나날들이었다.

 매출 실적을 채우고 있는 우리 회사 직원들과 직고용을 한 하청업체 직원들을 보면서, 우리가 무엇을 목표로 하는가를 다시금 생각해봤다. 물론 돈을 버는 게 각자의 목표이긴 하지만, 회사에서 사람들은 자기 존재를 증명 받고 싶어 한다는 것을, 단지 돈으로 환산되는 자기 증명도 있지만, 회사 안에서 일을 통해 확인하는 자기 존재감을 원한다는 것을 알아차렸다.

 우리는 3년간 마포구 일자리센터와 함께 집밖을 나오지 않았던 일명 은둔형 외톨이 친구들이 서울여성플라자 사업장에 와서 직접 현장을 경험하도록 했다. 하루 500명 이상 이용하는 시설이기 때문에 작은 일자리는 얼마든지 있었고, 이들이 실수를 하더라도 선배들이 많이 있어서 함께 해결해나갔다. 처음엔 시간 맞춰 출근하고 몇 시간 동안 간단한 일들을 정리하는 것조차 힘들었던 친구들이 다른 일터로 일자리를 얻어가는 기쁨도 생겼다. 크리스마스에는 청소년들이 우리 직원들에게 고맙다는 카드를 보냈다. 직원들은 '작고 보잘 것 없는 직업을 가진 우리도 이렇게 청년들의 삶에 좋은 영향을 줄 수 있다는 것이 큰 보람'이라며 기뻐하기도 했다. 누구나 멘토가 될 수 있다는 것, 누구나 도움을 줄

우리가 무엇을 목표로 하는가를
다시금 생각해봤다.

물론 돈을 버는 게
각자의 목표이긴 하지만,
회사에서 사람들은
자기 존재를 증명 받고 싶어 한다는 것을,

단지 돈으로 환산되는
자기 증명도 있지만,
회사 안에서 일을 통해 확인하는
자기존재감을 원한다는 것을
알아차렸다.

수 있는 존재가 된다는 것은 오랫동안 모두에게 기쁨이었다.

　나아가 서울여성플라자의 대형 식당에서는 전라남도 이무진 농부님의 유기농 벼농사를 2년간 계약 재배해서 유기농 쌀로 밥을 지어 2년간 급식 판매를 했다. 사회적기업들의 김치나 떡 등 우리 수준에서 가능한 구매를 해보기도 했다. 사회적경제 영역 안에서 우리가 신나게 해볼 수 있는 일이 많았다. 실제 이 시설의 연간 매출은 30억 원의 규모였고, 하루에 이곳에서 식사하는 고객만 400~1,000명 정도였다.

　이런 대형시설을 운영하다보니, 영월의 석항 트레인 스테이는 어찌 보면 우리에게 만만한(?) 비즈니스였는지 모르겠다. 그래서 덥석 입찰에 응했고 우리는 또다시 도전을 이어갔다. 처음엔 기존 '노스텔지아 석항'을 어떻게 바꿀지 고민했다.

　브랜드 전문가인 우리 회사 오정희 본부장님은 테스트를 해봐야 한다며 가족 팸투어와 커플 팸투어를 사전에 진행했다. 역시나, 기차를 좋아하는 어린이 가족 고객의 반응이 제일 좋았다. 우리는 어린이 가족 고객을 대상으로 프로모션과 모객을 하기 시작했고, 브랜딩 역시 기차에서 머무는 특징을 활용한 '트레인 스테이'라고 이름지었다. 결과는 나름 만족할 만했다. 어린이 기차 그림대회, 어린이 도시락 만들기 등 가족체험 위주로 집중하면서 수도권 관광객을 모았다. 여름 내내 시설은 만실이었고 청소·식당 교육을 받은 지역 주민들이 매일 우리 시설에서 일자리를 제공받았다.

그럼에도 우리는 이 사업의 첫째 조건, 3년 후 이 사업의 주인은 이 동네 주민들이어야 한다는 것에 엄청난 의미를 부여했다. 그동안 전문가 혹은 선경험자들 때문에 모든 지역에서는 외지인과 수도권 사업자들에 대해 편견이 많다. 사업비만 먹고 튄다거나, 계약 내용에 관해 책임지지 않는다거나, 공개된 사업비보다 더 많은 돈을 떼먹고 있을 거라고 말이다. 그러니 우리는 더더욱 사업비 뿐만 아니라 손익과 매출까지 투명하게 공개할 수밖에 없었다.

근로조건 등 하나부터 열까지 필요한 '정직'의 기준을

맞추려고 노력했고, 그대로 실행했다. 처음부터 우리와 함께 한 마을 출신 청년 '엄영광' 바리스타는 처음부터 바리스타이자 우리의 전략적 동지였다. (그는 몰랐지만) 아무리 지역에 청년이 없다고 하지만, 우리가 보기엔 그렇지 않았다. '청년이 좋아하는 일자리가 없어서' 청년이 없는 것뿐이다.

내가 목격한 한 장면. 석항 트레인 스테이 카페에 찾아온 동네 손님들이 '바리스타 매니저'가 아니라 '영광아, 커피 한 잔 주라'고 말씀하셨다. 동네 사람인만큼 기꺼이 한 잔 내줄 수 있는 정겨운 사이였지만, 이미 지역에서 이 청년은 바리스타라는 직업을 가진 청년이 아니라, 그냥 내가 아는 누구의 동네 아들일 뿐이었다. 이런 상황은 영월 외에 어떤 지역에서든 일어날 수 있는 일이다. 직원으로서 청년을 대우하기보다, 동네 아들딸로 보아온 지역 어르신들의 시각이 달라서, 그래서 고향에선 일하고 싶지 않은 청년의 마음이 더 커서 청년들이 그 지역을 떠나는 것 같았다. 영광 씨의 친구가 우리 회사에서 일하고 싶었던 이유 중의 하나가 명함이 나오고, 직함이 있고, 존댓말을 사용하는 것 때문도 비슷한 맥락일지 모르겠다.

사회적기업 사단법인 점프 (이하 점프)(점프는 대학생들이 자원봉사를 하면서 취약한 청소년들에게 무료 교육봉사를 하는 비영리 기업이다. 지난 10년간 전국 대학생들이 취약 청소년들을 위한 교육 봉사를 통해 자신이 어떤 사람인지, 봉사란 어떤 의미에서 사람을 살리는 일인지 스스로 깨달아가는 사업을 해왔다)를 초대한 것도 바로 이 즈음이었다. 타 지역 청년들끼리 같이할 어떤 기회가 필요하다고 생각했고, 사회적기업 점프 이의헌 대표님의 적극적인 협조로 2020년엔 서울의 청년들이 영월을 비롯한 전국에서, 일도 하고 6개월 이상 살아보는 '도시청년 지역상생' 프로젝트를 진행했다.

이런저런 프로젝트를 추진하면서 석항 트레인 스테이에 다음 단계가 필요하다는 생각이 들었다. 지속적인 시설 운영이나 문화적인 측면에서 폐역을 살리고, 지역주민들과 일자리를 만드는 일이 가능할 것이라고 상상했었다. 그게 바로 크리스마스 축제였다.

2018년 12월 22~24일, 크리스마스 축제를 사회적기업 착한엄마와 페어스페이스가 함께 준비했다. 영월군의 전폭적인 지원도 감사했지만, 두 사회적기업이 석항역의 문화적인 의미와 지역민들을 전폭적으로 믿고 함께 일하지 않았다면, 3일간 7,700명이나 축제에 참여하기는 어려웠을 것이다.

사회적기업가의 길은 언제나 '함께'

네팔뿐만 아니라 강원도 영월에서도 사회적기업들의 협업이 빛났다. 15년간 기차가 머물지 않았던 석항역에 청량리에서 석항 크리스마스 축제를 보러 온 400여 명의 서울 관광객들이 내리는 순간, 동네 어르신들이 줄을 서서 박수치던 장면, 석항 할머니들이 만든 손만두를 매일매일 찜통에서 쪄서 파는 재미, 밤새 기차에서 지칠 줄 모르며 축제를 즐기던 서울 청년들. 모두 소중한 기억이다.

프로젝트 이후 지역 주민분들이 자신들의 회사로서 협동조합을 만들고 첫 시설 운영을 했다는 소식을 듣게 되었다. 완전히 만족할 만한 수준은 아니라도, 홍보도 하고 이벤트도 하며 비용을 줄이기 위해서 했던 노력들까지, 시설 운

15년간 기차가 머물지 않았던
석항역에 청량리에서 석항 크리스마스
축제를 보러 온 400여 명의
서울 관광객들이 내리는 순간,

동네 어르신들이 줄을 서서
박수치던 장면,

석항 할머니들이 만든 손만두를
매일매일 찜통에서 쪄서 파는 재미,

밤새 기차에서 지칠 줄 모르며
축제를 즐기던 서울 청년들.

모두 소중한 기억이다.

영에 대한 감각을 잊지 않고 해내신 것 같다.

서울 사람들인 우리는 지역에서 일할 때 결국 서울과 지역의 시각 차이를 극복하고 사업의 목표를 확인하는 것, 나아가 함께 일하는 것이라는 것을 상호 인식하는 것이 꼭 필요하다. 영월 사업과 거의 동시기에 있었던 (사)제주올레 (이하 제주올레) '내 식당 창업 프로젝트' 역시 나에게는 같은 의미다.

2018년 나는 제주도에 있는 제주올레 안은주 이사님을 찾아갔다. 제주에서 할 수 있는 재미있는 일이 없을까? 안은주 이사님 또한 올레길이라는 진짜 '길'을 만든 혁신가이고, 나의 든든한 선배이기 때문에 몇 년 전부터 제주도에서 사회적기업 오요리아시아가 할 수 있는 일이 없을까 서로 궁리를 하던 차였다.

2017년 LH 한국토지주택공사 (이하 LH)와 내가 우연한 만남을 이어오던 차, 사회적기업과의 의미 있는 협업을 고민하는 LH에게 제주도에서 '내 식당 창업 프로젝트'를 제안했고, LH는 사업비 지원과 함께 LH 상가에 청년 창업을 입주시키는 기회도 마련하겠다고 했다. 우리의 제주도 프로젝트는 이렇게 시작되었다.

올레스테이(제주올레 여행자센터가 운영하는 서귀포 안심 숙소)의 1층 식당을 2년 반 동안 내 식당처럼 사용했고, 다섯 기수 25명의 청년 창업가들을 만났다. 제주도와 육지 청년들이 합세를 해서 첫 번째 기수가 만들어졌고, 이들에게 창업에 필요한 교육을 했다. 박찬일 셰프가 3일간의 캠프를 통해 자신의 창업 메뉴를 개발했고, 3개월간 올레스테이 1층 식당에서 팝업 레스토랑을 운영했다. 햄버거 한 개 만드는 데 30분이 넘게 걸리는 진땀나는 식당을 몇 개월간 운영했다고 생각해보시라. (이 창업자는 현재 부산 해운대 1층에서 햄버거 가게를 운영하고 있다) 메뉴 하나하나에 정성을 기울이는 것도 좋지만, 고객을 좀 생각했으면 하는 프로젝트 운영자는 아랑곳하지 않고 영업하는 후배 창업자들을 보니, 저절로 내 옛날 생각이 났다.

기수를 거듭하며 창업을 하는 이들이 하나 둘 생겨났다. 제주를 포함해 전국에서 15개의 외식업장이 생겨났고, 지금까지 총 3년간 운영을 해왔다. (3년간 폐업한 외식업장은 제주시에 있는 한 곳뿐이다) 3년간 나는 또 네팔을 드나들 듯 제주도를 드나들며 창업자들을 만났다. 나는 그들에게 한 번도 먼저 창업을 서두르라고 말하지 않았다. 그들은 자신만의 타임 테이블을 만들며 창업을 해나갔다. 교육받은 지 1년 반 만에 창업을 한 사람도 있다.

 이제 제주도에 가면 3박 4일은 돌아다니면서 끼니를 채울 수 있게 되었다. 제법 우리 프로젝트를 기억해내는 사람들도 생겼다. 이제 올레스테이 1층에서는 청년들이 식당을 매일 운영하고, 신기한 메뉴를 내오는 제법 재미있는 일들이 생긴다. 이런 일이 일어날 수 있었던 배경에는 제주올레 특유의, 지역 네트워크와 참육지 참가자들에게 게스트하우스 방을 몇 달간 내어준 통 큰 마음이 있었으리라.

올 여름 7월 우리 모두 '내 식당 창업 프로젝트'의 동창회를 열었다. 사장이 된지 2~3년이 되어가니, 업장도 자리를 잡고, 매장 확장을 생각하거나 2호점을 고민하는 이들도 생겼다. (이미 2호점을 낸 경주 창업자도 있다) 이들의 창업의 끝이 어디일지 나는 모르겠다. 하지만, 우리는 창업의 시작에 같이 서 있었기 때문에 지금도 같이 가고 있다는 생각이 들었다. 끝은 모르지만 시작은 아는, 그런 사이다.

시험지 마지막 문제에 쓰는 답: 계속 듣는 것

석항 트레인 스테이를 런칭하고 운영하면서, 그리고 제주도 서귀포 현지에서 3년간 '내 식당 창업 프로젝트'를 운영하면서, 내가 네팔에서 배운 혹독한 교훈을 되새김질할 때가 많았다.
 현지의 언어로 이해하지 않고 나만의 언어를 구사하는 건, 필패라는 것. 제아무리 똑똑한 외지인도 완벽하게 실패를 거듭할 수밖에 없다는 것. 멋진 말로 현지화, 영어로 로컬화 된 언어로 사업을 한다는 것은 무엇일까. 사실 나도 이제 연차가 제법 되니깐, 이렇게 일하는 태도가 가능해진 것 같다.

 '계속 듣는 것'

현실적으로 지역에서 원주민들의 이야기를 듣는 건 유행가 가사처럼 계속 도돌이표다. 적어도 10년 넘게 지역이 부딪혀온 문제들을 한 번에 해결한다는 것 자체가 불가능하며, 외지인에게조차 말할 정도의 지역 문제는 지역 분들 모두가 이미 공감하는 사회문제일 것이다.

생판 모르는 서울 외지인에게 지역 문제를 해결하자고 하는 건 어떻게 보면 가장 마지막에 온 문제지일지도 모른다. 그런데 우리는 또 우리 스스로를 전문가라 말하며 나타나지 않았는가? 문제의 본질을 알아가는 데 있어 가장 중요한 것은 문제를 알아가려는 '태도'임을, 사람들의 마음을 알아보려는 '마음' 그 자체임을. 그것이 없이는 어떤 지역의 문제도 해결할 수 없음은 너무나 명백하다. 그러니 이 마지막 문제지에 답을 써낸다면 이것이다.

'열심히 귀를 열어 듣고 또 듣는 것이다'

현지의 언어로 이해하지 않고
나만의 언어를 구사하는 건,
필패라는 것.

제아무리 똑똑한 외지인도
완벽하게 실패를 거듭할 수밖에
없다는 것.

멋진 말로 현지화,
영어로 로컬화 된 언어로
사업을 한다는 것은 무엇일까.

사실 나도 이제 연차가 제법 되니깐,
이렇게 일하는 태도가
가능해진 것 같다.

'계속 듣는 것'

SPECIAL PAGE

네팔, 태국, 제주도 그리고 이번엔 강원도, 내가 새로운 지역에 갈 때마다 가장 크게 고려하는 지점은 바로 '누가' 우리와 함께 하는가 이다.

태국에서는 체인지 퓨전, 네팔은 한국 사회적기업 트래블러스맵, 페어트레이드코리아. 제주도는 제주올레, 강원도는 강원창조경제혁신센터와 소풍벤쳐스. 실제 새로운 동네에 가면 외지인 혹은 외부인에게 열려있는 사람들은 언제나 있기 마련인데, 강원창조경제센터 한종호 센터장님과 우리나라 최초 임팩트 투자와 엑셀레이팅 기관인 소풍벤쳐스의 한상엽 대표님이 그랬다. 이분들 덕분에 영월 이후의 다음 단계를 그려볼 수 있었다.

소풍벤쳐스 한상엽 대표에게는 개인투자조합 임팩트 펀드 결성 시에 이런저런 조언을 들었다. 나는 개인투자조합에 가입을 하여 강원도 임팩트 펀드의 투자자로 참여했다. (최소 기여를 한 투자자이기는 하지만) 소풍벤쳐스는 본사를 춘천으로 옮길 정도로 지역 펀드에 관심이 많았는데 나의 제주도 이력이 어느 정도 매력적이었나 보다. 한상엽 대표가 강원도에서 제주도와 비슷한, 강원도에 맞는 외식업 창업 사업을 해보면 어떻겠냐고 제안해왔다.

2021년 우리는 박찬일 셰프, 임종명 바리스타, 최연화 파티시에라는 전문 멘토를 이끌고 강원도로 갔다. 참가한 20개 팀 중 상당수는 이미 강원도에서 유명한 청년 사업가들도 많았고, 다른 지역에서 유명세를 타고 있는 업장을 운영하는 이들도 있었다.

그 해 춘천의 여름은 유독 뜨거웠다. 우리는 무더위를 뚫고 각자의 메뉴를 개발했다. 강릉에서는 커피와 음료, 안양에서는 베이커리 메뉴 개발을 진행했다. 그리고 춘천과 강릉에서는 일주일 동안 팝업 레스토랑을 진행했다. 춘천과 강릉에서 각각 진행된 일주일 간의 팝업 레스토랑. 제주에서야 안정적인 배경의 제주올레 식당이 있어서 가능했던 것들이 춘천과 강릉에서는 다 처음부터 해결해야 하는 어려움이었다. 하지만, 일단 영업은 잘 하는 걸로! 춘천에는 생각보다 많은 지역민들이 찾아와줬고, 강릉도 지역의 반응이 꽤 좋았다.

사업이 마무리되어 가는 요즘, 창업팀끼리 협력 사업 하는 소식을 듣는 재미가 있다. 원주 플리마켓도 참가하고, 신규 업장 오픈하는 이를 위해 디저트 레시피도 강의해주고, 지역 로컬푸드 '사랑의 빵 봉사활동'이라는 베이커 행사도 해보고. 다들 자신의 사업을 하는 와중에도 '함께 하는'의 즐거움을 느끼는 것 같아 정말 흐뭇할 지경이었다.

2022년 우리 회사는 강원도 강릉 서부시장에 거점을 마련할 예정이다. 이왕 강원도에 왔으니 몇 년은 더 있어 봐야 하지 않을까. 이 또한 강릉 서부시장의 도시재생 사업을 하고 있는 (주)공공프리즘 유다희 대표의 초대장이 없었으면 안 될 일이었다. 강릉에서, 강원도 해안벨트에서 외식업으로 고객과 창업자를 만날 날이 기대된다.

05

사회적기업과 투자의 이유

아무래도 나는 10년이 넘게 소셜 비즈니스를 하면서 여러 착시 현상과 싸우고 있는 것이 아닌가 싶다. 이 비즈니스의 존재 가치가 단순한 돈이 아니라 더 큰 미션이 있다고 외쳐도, 사람들은 되묻고 또 되묻는다. 당신의 미션은 무엇인지, 그것이 왜 비즈니스라는 형태여야 하는지, 그것의 가치는 또 무엇인지, 그 가치는 돈으로 환산하면 얼마인지. 질문은 끝도 없고, 그 대답 또한 지난 10년간 업데이트되기도, 삭제되기도 하였다.

코로나19 팬데믹 사태는 마무리 되어가는 듯하면서도 여전히 우리 사회에 너무 큰 위협요인으로 다가오고 있다. 외식업을 하고 있는 경영자로서 올해 정말 많은 재무적인 부담과 경영적인 경고를 경험했다. 20개월이 넘는 정부의 영업시간 제한으로 우리 회사의 레스토랑들 역시 그 불안한 경영 상태를 벗어나지 못했다. 잘 버틴다는 외부의 평도 있지만, 사실 레스토랑 경영 상태는 정말 어려움 그 자체였다. 무엇보다 안정적인 매출을 예상할 수 없으니 레스토랑 스태프들이 외식업 현장에서 느끼는 심리적인 불안 요소들이 그대로 노출되기도 했다. 그럼에도 불구하고 이 어려운 시기를 극복할 수 있었던 것은 바로 '사회적경제 생태계'의 도움 덕분이었다.

사회적기업과 사회적경제 생태계

외식업은 두말할 필요도 없는 레드 오션이다. 현재 우리의 자본 상태에서 보자면 직원을 정리하거나 사업을 줄이면서 생존을 모색해야 하지만 그렇게 하지 않았다. 그렇다고 쉽게 자금지원을 받을 수 있는 것도 아니었다. 오직 우리를 이해하며 적극적인 지지와 도움을 주는 사회적경제 생태계 덕분에 우리는 직원을 줄이거나 사업을 축소하지 않고 지난 팬데믹을 버텨낼 수 있었다.

> '좋은 일 하지만 이제 좀 정리되는 것이 맞겠어. 너희도 기업이 잖아'

시장경제의 잣대라면 이렇게 말할 지도 모른다. 하지만 시장경제의 논리만이 아니라 사회적경제의 논리를 이해하는, 우리의 존재 이유와 사명을 알아주는 사회적경제 생태계 사람들이 있었다.

한국사회에서 사회적경제에 대한 임팩트 투자를 논의한 것은 채 15년이 넘지 않은 것 같다. 2011년 SOCAP에 가기 전에 나는 새 회사를 만들기 위해 소위 '사회적기업 투자'를 한다는 기관들을 만나기 시작했다. 2008년에 비로소 본격적인 사회적기업에 대한 공적 인증과 담론이 시작되었다고 보면 3년이 채 안 지난 상태였기에 '투자' 이야기는 이른 시기였던 것 같다.

아름다운재단, D3쥬빌리파트너스, 사회연대은행, 이 3개 기관에 IR^Investor Relations 한 나의 새로운 사업 아이템은 아시아 이주여성의 산후조리 음식 사업이었다. 이주여성들은 한국에 오자마자 가족을 만들고, 2세를 낳으면서 미역국을 먹는다. 한국의 여성들이 그래왔던 것처럼 산후조리 음식을 먹었지만 일본은 산후조리 음식이 없으며, 베트남은 갓난아기 머리맡에 작은 손도끼를 놓아 악귀를 쫓아낸다. 각국의 산후조리 음식이 만들어지면 한국에서의 가족생활과 아이 출산 후 여성의 삶에 좀 더 용기가 생기지 않을까, 무엇보다 출산 후 여성의 몸에 대한 귀중함을 더 알게 되지 않을까 하는 생각들로 준비한 사업이었다. 함께 일하면서 각국의 산후조리 음식을 기획 개발할 수 있었는데, 무엇보다 이 음식을 만들었던 이주여성들과 일해 온 나의 자신감 덕분이었다. 하지만 이 투자는 모두 실패로 돌아갔다.

이주여성에 대한 '지원'사업으로는 적당한 것 같았지만, 당시 회사의 재무 상태는 엉망이었고, 무엇보다 3년간 추정손익과 성과에 대한 지표 측정이 명확치 못했던 나의 투자 제안서는 당연히 '투자'받기엔 어려운 계획들이었다. 모두 어렵겠다는 답을 듣고 나서 SOCAP에 다녀온 후에야, 왜 내가 실패할 수밖에 없었는지 알았다. 2011년 SOCAP

이 국내에 그리 알려지지 않은 그때, D3쥬빌리파트너스 이덕준 대표님의 추천으로 나는 참가 자격을 얻고 SOCAP에 다녀왔다. 더 공부해보면 좋겠다는 이덕준 대표님의 제안으로 샌프란시스코에 갔는데 큰 충격을 받고 돌아왔다.

결론부터 말해보자. 자본투자가 가능하려면 회사의 체계부터 바꿔야 했고, 투자가 가능한 구조로 만들려는 투자 체계를 준비해야 했으며, 무엇보다 이 사업으로 바꾸고자 하는 나의 미션이 더 구체적이고 명확했어야 했다. (그렇다고 해서 나는 당시 한국 사회적경제의 임팩트 투자가 사회적 가치 측정에 대한 평가 기준이 명확하다거나, 투자 체계가 명확했다고는 생각하지 않는다. 이제 투자할 사회적기업들이 생겨났는데 생태계가 먼저 생겨날 리는 없기 때문이다) 지금 생각해보면 회사의 미션에 집중한 IR 테이블이 나에겐 더 중요했고, 비즈니스 성장성에 대한 준비 없이 '우리는 착하니까'라는 생각으로 테이블에 임했던 것 같다.

그 이후 나는 오요리아시아를 설립하면서 법인으로 만들었고, 발기인으로 투자자를 만나러 다녔다. 소셜벤처파트너스 서울이 발기인이 되어 줬다. 나는 대주주가 되었으며, 당시 1주당 1만 원이라는 꽤 그럴싸한 주식가격을 유지하고 있는 창업자이자 대표이사가 되었다.

이후 (주)더작은 (이하 더작은)과 행복나눔재단이 투자를 해줘서, '떼레노' 레스토랑을 오픈할 수 있었다. 종로구 북촌로의 멋진 2층에 파인 레스토랑을 투자받아 오픈하다니! 더작은에서는 나에게 투자 약정서를 작성해오라고 했다.

나의 가장 큰 약속은 5년 안에 10명의 취약 청소년을 요리사로 키워보겠다는 것이었다. 그리고 만약 취약 청소년들이 해외 인턴십이나 요리 학교에 가게 될 경우 비용을 지원해 주겠다고 약속해 주셨다. (이후 두 번이나 스페인 산세바스티안의 미쉐린 원스타 레스토랑인 'Zuberoa' 레스토랑에 3개월 간 인턴십의 비행기와 숙박 비용 등을 지원해주셨다)

2013, 2014년 나는 (주)크레비스파트너스 (이하 크레비스파트너스) 김재현 대표님과 C Program 엄윤미 대표님을 네팔 카페 미띠니cafe mitini와 S.E.A 센터에 함께 가자고 꼬셔서 각각 데려갔다. 네팔에는 더욱 강력한 '임팩트 투자'가 필요했던 만큼 두 분 대표님이 가진 임팩트와 가치에 대한 젊고 참신한 시각이야말로 현지와 잘 어울린다고 생각했기 때문이다. 흙탕물이 나오는 호텔에서 잠을 자고, 누군가의 무릎에 앉아 네팔리들의 미소를 받으며 꼬불꼬불 전기차를 타고, 카페 미띠니의 커피를 마시며 이 사람들의 일자리와 직업훈련이 얼마나 중요한지 이야기를 나눴다. 하지만 이때의

투자도 실패로 돌아갔다. 당시야말로 투자의 기본인 리턴의 법칙도 가능하지 않은 상황이었고, 무엇보다 네팔 투자는 '법인'이라는 공식적인 활동을 위한 형식적 기반을 갖추는 것조차 어려운 상황이었다. 그저 장기적인 관점에서 네팔에 투자해줄 수 있는, 아니 투자 가치부터 이해해줄 수 있는 투자자가 필요하다고 생각했다.

이후에도 나의 사회적경제 혹은 사회적기업 '투자'에 대한 욕망과 학습은 계속되었다. 2011년부터 임팩트 투자를 시작한다는 올드 멤버를 알다 보니 이런저런 일에 초대되거나 함께 밥을 먹는 일도 많아졌다. 또한, 현장에서 일어나는 일에 대한 여러 이해당사자들의 문의도 이어졌다.

현장에 있는 사회적기업가들이 모여 사회혁신금융을 만들자는 학습 모임도 계속되고 있었다. 당시 은행에 가면 법인 후불 신용카드 하나 만들기 어려운 시절이었고, 대출 또한 마찬가지였다. 학습 모임은 이렇게 천대를 받느니 우리가 직접 돈을 모으자는 아주 간단하지만 절실한 목표에서 시작한 모임이었다.

3년간 매주 아침 8시 정도에 모여 공부를 했고, 금융 제도에 대한 워크숍 및 서울시장, 소프트뱅크 등 유수한 전문가들을 만나는 워크숍도 했다. 그리고 마지막엔 각자의 회사에서 쌈짓돈 1천만 원을 모았고, 금세 15개 기업이 1억이라는 돈을 전국에서 모았다. (이 씨앗 자금이 지금 한국사회혁신금융의 근간이 되었다) 자조금융 형태의 이 자금은 현재 50억 원이 넘고, 이 사업의 상환 실패율은 5%도 넘지 않는다. 그리고 자랑스러운 것은 이번 코로나 팬데믹 사태에서 가장 빠르게 사회적경제의 어려움을 이해하고 자금을 집행해준 곳도 한국사회혁신금융이라는 것이다.

2019년 '엘 초코 데 떼레노' 레스토랑은 IBK 투자증권에서 임팩트 투자 사모펀드로 신규투자를 받았고, 이번 코로나 팬데믹에는 재단법인 밴드 (이하 밴드)가 투자를 해주었다. 밴드는 팬데믹 사태를 겪는 우리 회사를 보면서, 10년이 넘은 한국 사회적기업의 사업 방향 전환에 귀 기울여주었다.

우리는 2022년에 신규 사업을 대대적으로 준비하고, 투자유치를 준비하다가 멈추었다. 많은 투자자를 만나 좋은 피드백도 받았고, (물론 한번 만나준다면 감사한 상황도 많고) 잘 해보자는 이야기를 들은 것도 많았지만, 오히려 다음 단계로 나아가지 말자고 중단 결정을 한 것은 경영자인 나였다. 지금 이 시점에서 필요한 것은 다음 단계에 대한 회사의 비전을 제대로 그리는 나, 그리고 회사의 현재 모습이었다. 지금 우리는 대규모 투자를 받을 만한 멤버십인가, 회사의 그림이 여러 그룹에서 잘 그려지고 있는가, 나는 그 정도의 체력과 마음이 준비되어 있는가. (실제로 투자자를 만나는 한 번은 일주일간 팀 미팅하는 것보다 더 큰 에너지를 쓰는 일이기 때문에 상당히 예민한 상태로 에너지와 체력을 준비해야 했다)

코로나 팬데믹의 혼란 속에서 나의 14년차 사회적기업가의 에너지는 정비를 필요로 하는 것 같았다. 그래서 이 책을 쓰고 있는지도 모르겠다. 물론 시장에서 이 비즈니스에 대한 필요성은 있는가, 이 사업으로 사회적인 문제를 얼마나 크게 빠르게 해결할 수 있는가에 대한 자문과 피드백을 받는 것은 기본이다. 그런데……….

"생각보다 임팩트가 너무 작아."

올해 새로이 만난 투자자로부터 사회적기업 14년 만에 들어본 충격적인 피드백이었다. 국내에서 오래 버틴 만큼 내가 가장 중요하다고 생각하는 사회적 가치에 대한 평가를 받으면서 이런 직설적인 평가는 처음이었다. 돈은 못 벌어도 사회적기업가로서 이런 소리는 들어본 적이 없었는데. 개인적인 충격을 넘어선 다음 단계, 회사를 점검하는 시간과 기회를 갖는 것이 필요하다고 생각했다.

"생각보다 임팩트가 너무 작아."

올해 새로이 만난 투자자로부터
사회적기업 14년 만에 들어본
충격적인 피드백이었다.

국내에서 오래 버틴 만큼
내가 가장 중요하다고 생각하는
사회적 가치에 대한 평가를 받으면서
이런 직설적인 평가는 처음이었다.

돈은 못 벌어도 사회적기업가로서
이런 소리는 들어본 적이 없었는데.
개인적인 충격을 넘어선 다음 단계,
회사를 점검하는 시간과
기회를 갖는 것이
필요하다고 생각했다.

이후로 나는 올해 계획되어 있던 대형투자 유치와 신규 사업을 다각도로 점검했다. 시장성뿐만 아니라 어떻게 하면 사회적 가치를 더 확대할 수 있을지 투자자들의 심도 있는 질문에 대비한 답변까지 미리 준비했었다.

만약 일반 투자자였다면? 아마 이런 상황을 가볍게 무시했을지 모르겠다. 하지만 우리 회사가 갖고 있는 사회적 가치에 관심 있는 임팩트 투자자들이기에 나는 좀 더 신중하고 제대로 된, 나의 확신에 기반한 답을 내고 싶었는지 모르겠다.

어떻게 보면 답을 내기는 어렵지만, 답을 내기 위한 과정에 충실한 것이 더 중요한 것 같다. (실제 나는 올해 투자를 추진하면서 수많은 피드백과 준비 과정에 충실히 임해서 정말 괜찮은 사업 투자 제안서를 작성했던 것 같다) 여러모로 우리 회사와 경영자인 나를 다듬어준 한 마디였다.

미쉐린 가이드와 비콥 인증 : 사회적기업의 경쟁력

2021년 11월 25일, 미쉐린 가이드 서울이 2022년 서울의 스타 레스토랑을 발표했다. 이제 떼레노 레스토랑은 3년 연속 선정 원스타 레스토랑이 되었다.

아직도 기억난다. 미쉐린 타이어가 만든 미쉐린 가이드가 처음 상륙한다고 했을 때 모여서 했던 첫 회의. 우리가 과연 할 수 있을까?

우리는 한국에서 스페인 음식을 하고, 한식을 응용하지 않으며, 값비싼 커트러리며 접시를 사용하지 못하는, 심지어 제대로 된 홍보 채널도 운영하지 못하는 작은 회사였기 때문에 시작조차 생각하기 어려웠다.

"원래 우리가 돈이 있어서 이 사업을 시작한 게 아니잖아?"

나의 묘한 똘끼가 발휘되는 순간, 셰프, 매니저, 본부장 모두의 표정이 그리 빛나는 건 아니었다. 왜냐하면 미쉐린 레스토랑은 기본적으로 하이엔드를 지향하기 때문이다. 결국 아니라고 이야기하지만, 좋은 식자재, 좋은 서비스, 좋은 식문화 환경을 구축하기 위한 '돈'이 많이 들어가는 레스토랑 운영을 의미하기도 했다. 성실하다고, 우리의 의도가 좋다고 해서 받을 수 있는 별이 아니었다.

없는 자금을 탈탈 털어 고급 기물을 사고, 테이블보와 천냅킨을 맞추고, 서비스를 위한 옷차림 등등 요리 외에도 준비해야 할 일들이 한두 가지가 아니었다. 그리고 1~2년간은 스타가 아닌 플레이트 레벨을 받았다. 올해는 어찌될까 궁금해하던 가을이 몇 번 지나 2019년 첫 원스타를 받았다. 첫 스타를 받으니 셰프도, 레스토랑 멤버들도, 본사 팀원들도 모두 뿌듯해했다. 5년간 레스토랑을 유지하면서 넉넉한 형편도 아니었고 사람도 키워야 하는 사회적기업의 다양한 역할을 해내느라 지쳤던 우리에게 큰 위안이 되는 순간이었다.

> "스페인어로 땅을 의미하는 '떼레노'는 자연주의 요리를 지향하는 신승환 셰프와 사회취약계층의 자립을 돕는 오요리아시아 이지혜 대표와의 합작으로 탄생한 북촌의 스페인 요리 전문점이다."

무엇보다 2020, 2021년 미쉐린 가이드 서울의 이 설명 문구가 가장 마음에 들었다. 그래, 이제 이런 레스토랑도 존재할 수 있고, 사회적기업에 대한 이해가 정확하게 설명될 수 있구나. 인증 시스템을 받으면 우리가 하고 있는 일들—사람을 키우는 공간(땅)이라는 우리의 사회적 가치가—이 좀 더 쉽고 편하게 이해될 수 있구나 라는 생각도 하게 되었다.

그리고 비콥 인증 (B Corp). 2019년 나는 네팔에서 운영하고 있는 해외 사업을 기반으로 한 임팩트 투자를 받으려는 생각이 있었다. 2018년부터 준비하던 비콥 인증을 서두르면서 우리 회사가 진행했던 수많은 교육 프로그램과 네팔, 강원도 등 각지에서 진행했던 사회적 가치를 오정희 본부장이 영문으로 꼼꼼하게 자료화했다. 당연하다고 생각했지만 자료화하지 않았던 민주적 의사결정구조, 취약계층의 교육 프로그램, 운영 가치, 지역사회 협력 체계 등을 모두 자료로 만들어 미국의 비콥에 제출했다. 그리고 몇 개월간의 심사를 거쳐 우리 회사는 2019년 상반기에 비콥이 인증한 사회적기업이 되었다. (비콥은 현재 전세계 사회적기업 5,859개를 인증하였고, 다농, 파타고니아 등 대기업뿐만 아니라 국내 기업 20개도 인증을 받았다) 오요리아시아는 2019년 하반기에 커뮤니티 부문에서 글로벌 상위 10%에 선정되었다. 그리고 2021년, 2022년에는 연속 커뮤니티 부문 글로벌 상위 5%에 선정되었다.

많은 사람들이 나에게 물어본다. 한국에서 노동부 인증 사회적기업이면 된 거 아니냐고, 오요리아시아는 투자도 받아봤고, 오랫동안 기업을 유지했으니, 이런 국제 인증을 받을 이유가 있느냐고. 사실 국제 인증이 얼마나 유익한 건지 평가할 수 없다. 하지만 비콥 인증을 받고 국제 기준에서 상위에 랭크된 순간, 우리 회사 성원들은 '우리가 한 일은 이것이었어'라는 자존감을 확인했다. 남을 위해서가 아니라 스스로가 사회적 미션을 위해 달려온 우리에게 사회적인 보상과 격려는 필요하다. 무엇보다 그 가치가 국제적으로 인정된다면 더더욱.

비효율과 비효율 사이에서

네팔 사업 이후, 나의 아시아 네트워크는 더욱 넓어졌다. 대지진 이후 네팔 사업은 사람들에게 빨리 접어야 하는 EXIT 모델이었지만, 카페 미띠니가 2호점 창업 이후 바리스타 트레이닝 사업까지 더하면서 다와Dawa의 사업도 날로 번창하고 있다. (카페 미띠니 1호점은 네팔 S.E.A센터가 운영하지만, 2호점부터는 다와가 자신의 자금과 한국에서 오요리아시아가 모아준 투자금으로 직접 자신의 카페를 창업하여 운영하고 있다)

매년 카페 미띠니의 교육 사업과 재무제표를 받고 있는데, 재작년 팬데믹 상황에서도 총 54명의 바리스타 트레이닝을 진행하였다. 2021년에는 250여 명의 바리스타 트레이닝을 운영했다.

코로나만 아니었으면 적어도 해마다 두세 번씩 방문하던 네팔이 상황을 알기 힘들어져 다와와 나는 메신저로 이런저런 경영 상황을 공유한다.

어떤 때는 창업자로서의 어려움을, 어떤 때는 구체적인 운영 계획을, 또 어떤 때는 네팔리 파트너에 대한 소식을 많은 사람들이 나에게 물어본다.

한국에서 노동부 인증 사회적기업이면
된 거 아닌가,
오요리아시아는 투자도 받아봤고,
오랫동안 기업을 유지했으니,
이런 국제 인증을 받을 이유가 있는가.

사실 국제 인증이 얼마나 유익한 건지
평가할 수 없다.
하지만 비콥 인증을 받고
국제 기준에서 상위에 랭크된 순간,
우리 회사 성원들은
'우리가 한 일은 이것이었어'라는
나름의 자존감을 확인했다.

남을 위해서가 아니라 스스로가
사회적 미션을 위해 달려온 우리에게
사회적인 보상과 격려는 필요하다.

무엇보다 그 가치가 국제적으로
인정된다면 더더욱.

전해 듣는다. 1년 전부터 3호점 이야기가 계속 이어지고 있었는데, 이번에는 정말 제대로 된 법인 '투자'의 형태로 진행해보고 싶었다.

　카페 미띠니에 대한 투자를 준비하면서 나와 우리 회사는 본격적으로 다와와 이야기를 나눴다. "우리 3호점에 투자 하고 싶은데, IR 자료 줄 수 있어? 구성과 목차는 이런 내용일 거야." 투자가 낯설 수 있고, 창업이나 창업캠프가 익숙치 않은 상황에서 우리의 제안이 어려운 장애물이 될 수 있었다. 일단 우리는 필요 질문 리스트를 보내줬다.
　하지만 투자를 준비하면서 몇 달 동안 다와는 투자에 대한 개념, 수익에 대한 부분, 앞으로의 구체적인 계획, 3년

안에 하고 싶은 일에 대한 이야기보다 얼마만큼의 자금이 필요한지에 대한 이야기를 하고 있었고, 영어로 이뤄지는 비대면의 준비 과정과 사업을 동시에 진행하는 개인적인 어려움을 토로하고 있었다. 2011년 그때의 나처럼 말이다.

카페 미띠니 3호점 투자 과정에는 두 그룹이 함께 했다. 2014년에 함께 네팔에 다녀온 후 줄곧 카페 미띠니의 성장 과정을 응원해준 크레비스파트너스 김재현 대표님, 그리고 우리 회사 올드 멤버들이다. 김재현 대표님은 네팔 방문 이후, 저개발국가 혹은 아시아 국가간 소셜 임팩트 펀드 조성 혹은 투자하는 일에 관심을 갖고 자체적인 사업을 추진하고 있었다. 누구보다 네팔 사업의 어려움을 이해하고 있는 분이기에 3호점을 만드는 일에 흔쾌히 투자를 약속했다. '코로나처럼 모두가 어려운 시기에 남을 투자하는 것이 가능한 일인가'라며 갸우뚱거리는 나를 '지금이 가장 우리답게 투자할 수 있는 시기'라며 독려하기도 했다.

사실 다와는 투자라는 개념을 잘 모르기 때문에 창업 과정에 대한 배움의 과정이 필요했다. 그래서 우리는 카트만두 현지에서 여성 창업에 대한 아카데미를 준비했다. 나에게 이 과정이 필요하다고 설득한 사람 역시 김재현 대표였다. 저개발국가에서 창업가를 독려하기 위한 엑셀레이팅이 이뤄지려면 모든 것을 일일이 처음부터 챙겨야 한다는 사실을 이번 투자를 통해 배울 수 있었다. 무엇보다 나는 창업자의 마음이 더 컸기 때문에 '그만 애태우고 자금을 입금하자'는 주의인 반면, 김재현 대표는 '제대로 된 투자를 하기 위해서는 창업자도 우리도 준비를 제대로 하지 않으면 안 된다'는 원칙주의자 역할을 톡톡히 했다.

우리 회사 올드 멤버들. 올해로 나와 함께 일한 지 10년 차인 명경화 부장과 6년간 함께 한 오정희 본부장에게도 이메일을 보냈다.

> "카페 미띠니가 3호점을 준비하는데 필요한 자금을 우리가 모은 작은 돈으로 투자해보자!"

펀드 이름도 만들었다. '오! 펀드'. 펀드를 시작한 사람은 명경화, 오정희, 이지혜. 펀드 목적은 아시아 여성을 위한 창업 및 자립 펀드였다. 지금은 3명이지만 앞으로 더 많은 펀더가 모일 것이라고 기대하면서 흔쾌히 강의와 멘토링으로 모은 돈을 캐처했다. 그렇게 다와의 3호점 펀드가 조성되었다.

6개월이 넘는 시간 동안 모든 투자 과정을 논의한 결과, 우리의 투자는 기부에 가깝다는 것을 알았지만 결정을 내리고 네팔의 답변을 기다렸다. 코로나 팬데믹으로 적극적인 투자를 하기 어려웠고, 직접적인 투자를 하는 시스템을 만들기 어려웠다. 우리는 우리만의 방식을 찾아내야 했다.

사회적기업 한국 아름다운커피를 통한 기부가 바로 그것이었다. 아름다운커피 한수정 대표도 흔쾌히 이 복잡한 과정에 동참해서 카페 미띠니 3호점의 투자가 마침내 2021년 7월 집행되었다. 투자자인 '오! 펀드' 멤버들과 김재현 대표, 한수정 대표님의 숱한 이메일이 오간 '오! 펀드'의 첫 투자가 이뤄진 순간이었다.

그런데 생각할수록 기특하지만, 생각할수록 비효율적인 이 시스템을 그냥 놓아둘 수는 없을 것 같다. 10년이 지나도 이런 투자 시스템이 지속된다면, 아마도 나는 내가 하고 싶은 일을 제대로 못한 사람이 될지도 모르겠다.

기업가에게 제대로 된 기업 투자를 위한 기회를 주지 못한다는 것, 사회적인 문제를 해결하는데 필요한 시스템을 제대로 만들지 않는다는 것은 우리가 필요한 일들을 스스로 해결하지 못하는 일이라는 과격한 생각도 든다. 분명히 나보다 앞선 선배들이 이 과정에서 해결하지 못했던 이유가 다양하게 있었을 것이고, 기부라는 이름으로 투자를 할 수 있었던 것은 선배들이 그동안 아시아에서 이뤄놓은 피땀 덕분일 것이다.

그럼에도 불구하고 비효율적이라고 스스로 말하는 것

은 시간과 비용의 관점이 아닌 비즈니스의 필요성 관점, 즉 소셜 비즈니스의 가치를 제대로 이해하면서 투자할 수 있는 효율성을 뜻한다.

또한 여전히 여성들의 창업을 변방의 울림으로 보는 사회적 시선의 비효율도 존재한다. 사회적인 문제와 해결 과제가 뒤로 밀리고, 돈의 가치에 기반한 비즈니스 투자가 더 우리의 삶을 이롭게 할지 모른다는 착시현상이라고 표현해야할까.

아무래도 나는 10년이 넘게 소셜 비즈니스를 하면서 여러 착시현상과 싸우고 있는 것이 아닌가 싶다. 이 비즈니스의 존재 가치가 단순한 돈이 아니라 더 큰 미션이 있다고 외쳐도, 사람들은 되묻고 또 되묻는다. 당신의 미션은 무엇인지, 그것이 왜 비즈니스라는 형태여야 하는지, 그것의 가치는 또 무엇인지, 그 가치는 돈으로 환산하면 얼마인지. 질문은 끝도 없고, 그 대답 또한 지난 10년간 업데이트되기도, 삭제되기도 하였다.

그럼에도 불구하고 나는 그 질문을 무시하지 않고 어떤 방식으로든 답하려고 노력해왔다. 무엇보다 나는 우리 회사 사람들과 답을 함께 만들어왔다고 생각한다. 소셜 비즈니스에 대한 사람들의 질문은 앞으로도 이어지겠지만, 우리 회사 사람들과 나의 노력이 계속될 것이기 때문에 외롭지 않다. 여전히 엉뚱할 수 있고, 때론 이상적으로 보일 수 있지만, 여전히 우리는 함께 걸어가기 때문에.

2부

★

함께,
사회혁신가

: 사회적기업 생태계를 만나다 (대담과 대화)

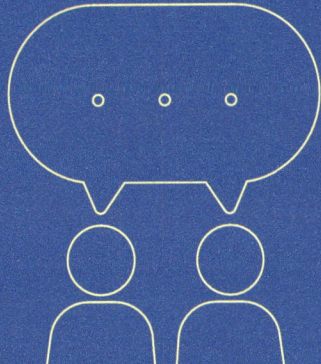

정리 텍스트CUBE

1장

즐겁게
풀어내는
함께함의
의미

신승환 셰프

오요리아시아

요리를 시작하게 된 계기가 있다면?

할머니께서 요리를 하셨어요. 그런데 할머니는 제가 요리하는 걸 반대하셨죠. 옛날에는 요리 쪽 일이 화이트컬러가 아니라고. 그래도 저는 요리가 재밌었고, 어릴 때부터 먹고 다니는 걸 좋아해서 자연스럽게 이 길로 들어온 것 같아요. 결국은 할머니 돌아가시고 나서 요리를 시작했죠. 중학교 때는 미국에서 살았는데 학교에 쿠킹 클래스를 하면 듣기도 했어요.

그러면 처음부터 '양식'을 하셨던 거예요?

아니요. 딱히 장르를 잡아놓진 않았었어요. 이것도 하고 저것도 하고. 그 당시에는 한국에서 일하는 게 한계가 있는 것 같았죠. 사실 한계라기보다 그냥 다른 나라에 가고 싶기도 했고요. 제가 어릴 때부터 외국에서 살다가 한국에서 일을 시작했다고 봐야하는데, 계속 밖으로 돌았죠. 한국에서만 있기 보다는 나가서 해보자. 원래 꿈이기도 했고 배경이 그렇기도 했고요.

**이지혜 대표님과 처음 홍대에서 만났을 때는
셰프로서 어떤 상황이셨나요?**

사실 커리어 이런 건 크게 생각하지 않았어요. 이지혜 대표님한테서 전화가 왔길래 '한 번 뵙죠.'해서 갔죠. 얘기를 들어보고 주방도 둘러보고. 그때는 어떤 생각을 했다기 보다 그냥 부탁을 들어준다 정도였어요. 거기 일하시는 여러 분들 사정도 좀 듣고 어느 정도 내가 도와줄 수 있지 않을까 했던 게 시작이었죠. 저는 모든 일을 별로 심각하게 생각 안 해요. 가볍게.

**그럼 셰프님이 처음 '홍대 오요리'에 갔을 때
흥미로운 부분이 무엇이었을까요?**

할머니가 식당을 하셨을 때, 거기 계시던 분들이 6.25때 전쟁 고아였던 분도 있었어요. 오갈데 없는 사람들을 함께 보살피면서 일을 하셨죠. 고아였던 분도 있고, 오갈데 없는 사람들을 함께 보살피면서 식당을 하셨어요. 할머니가 베풀었다기보다는 그 분들과 같이 일하면서 성장하는 것을 보았죠. 그런데 '홍대 오요리'가 이주여성분들을 위해 일한다고 하니 관심이 생겼어요. 그 당시 십몇 년 정도 일을 했던 시기인데 더 의미 있는 무엇인가를 찾을 수 있지 않을까 생각이 들었죠. '나도 도움이 될 수 있지 않을까?' 아무래도 할머니 영향이 알게 모르게 크게 있었던 것 같아요.

한국에서는 초등학교까지만 보냈지만, 할머니와 살아서 제 성격이나 가치관이 그때 많이 잡혔다고 봐야죠. 그래서 어려운 친구들이 식당에서 같이 일하는 모습도 살펴보고요.

'내가 요리에 소질이 있다, 이걸로 할 수 있겠다'고 생각한 시점은 언제였을까요?

소질이 있다. 이거는 아직도 느껴본 적은 없어요. 그냥 재밌었죠. 외국에서 다른 셰프들하고 일하는 동안 경력이 40년 넘는 분들하고도 일하고, 유럽에서는 일반 주택식 레스토랑에서도 일했는데 항상 재밌었어요. 같이 고생하고 서로 마음이 잘 맞아서 아직까지 다 연락을 하고요. 주택식 레스토랑에서도 일해보고 했는데 그냥 항상 재밌었어요. 그리고 이렇게 같이 고생하고 서로 마음이 잘 맞는 편이라서 아직까지 다 연락하고요.

계속 재미를 느끼는 건 소질이 있는 게 아닌가요?

그걸 잘 모르겠어요, 재미는 있는데. 죽을 때까지 할 수 있는 직업이긴 하니 이것도 저것도 해보는데 항상 의심해요. 이거 진짜 맛있을까? 괜찮나? 손님들이 인사하면서 맛있다고 하면 그렇게 맛있나? 할 정도로 의심해요. 소질이 있는지는 모르겠고 그냥 재미있구나 이 정도입니다.

**그러면 반대로 어떤 친구가 와서,
'이제 저도 요리사의 꿈을 꾸고 싶어요.
계속 해보고 싶어요'하면 어떻게 하세요?**

저는 주로, 그러니까 보육원이나 형편이 어려운 친구들을 많이 만나고 같이 해봤는데, 어린 친구들은 항상 대학을 가야 되냐고 물어봐요.
제 입장에서는 굳이 안 가도 된다고 얘기를 해주긴 해요. 이게 진짜 필요하면 나중에 가면 되는 거고 어릴 때는 일을 하는 게 훨씬 도움이 되고, '같은 비용이면 차라리 외국 가서 하는 게 더 낫지 않냐?'하고 얘기해요. 그러니까 가이드를 해준다기보다 재미를 느끼게끔만 해주면 선택은 자기 몫이니까, '잘한다, 잘한다'를 많이 하려고 하죠. 물론 못하면 못한다고 해요.

만약 객관적으로 볼 때 요리를 잘하는 건 아닌데 본인이 그래도 '나, 해보고 싶어요'라고 하면요?

좀 오래 걸리는 친구들도 있고 많이 안 되는 친구도 있어요. 사실 그러면 얘기는 해주죠. 아닌 것 같아도 오래 걸리는 친구들은 좀 기다려주죠. 기다려주면서 이 친구가 재미를 느끼게 그냥 깨우쳐주는 정도?
뭔가 만들어서 먹어보고 실험해보고 하는 재미도 있고요 예를 들어, 내가 만든 메뉴가 잘 팔리고 레스토랑의 시그니처가 된다든지 할 때 재미있다고 느끼죠.

항상 재미는 있어요. 좀 피곤해서 그렇지만. 한남동에 열었을 때도 재미있었고 미쉐린 별 받을 때도 굉장히 재미있었죠. 오픈하면서 여러 가지 에피소드도 있었고요.
일 특성상 항상 안에만 있으니까 가끔 좀 지겨울 때가 있는데, 그래도 뭐 매일 아침에 와서 직원들하고 얘기하고 오늘은 이렇게 갈 거고 간단하게 브리핑하고 보고받고 움직이는 것 자체가 그냥 재밌어요. 한 이십 몇 년 하다 보니까 그냥 계속 그렇게 재미를 찾죠. 새로 만들 때도 성공하면 재밌고 성공 못하면 기분 나쁘고 그런 거죠.

그런데 일반적으로 레스토랑의 셰프 역할을 맡고 계시지만 여기서 한 가지 더 담당하고 계시는 역할은 사람들과 함께 어울리고 키워내는 부분이 있잖아요?

그거는 뭐 그렇게 어렵게 보진 않고요. 이제 이 시스템 안에서 들어왔을 때 맨 밑에서부터 얼만큼 성장해 가냐, 이거는 자기 몫이니까. 일단 제가 해 줄 수 있는 거 주로 제가 친구들 대할 때는 그냥 어느 편견 없이 들어오면 좀만 해줘요. 그 정도까지만 해가지고 여기서 적응을 하고 가는 거는 제가 아무리 이 친구들한테 한다고 해도 소용 없어요. 물론 이 친구들이 결정하는 거지만 중간중간에 튀어나간 친구들도 꽤 있고 꽤 오래한 친구들도 있는데 자기 결정에 따라서 이 일을 하냐 다른 일을 하냐니까 저는 딱히 크게 뭐 큰 제 역할이 있다라고 생각은 하지 않아요. 그냥 대학을 나오든 말든 유학을 다녀오든 말든 어디서 일을 했든 안했든 처음부터 아무것도 없어도 받아주는 거. 저는 그리고 이제 미쉐린 레스토랑도 되고 했으니까 이 친구들이 여기 있다가 다른 데 가면 더 대우받을 수 있을 거란 말이죠. 딱 그 정도? 그러니까 엄청 도와준다기보다 그냥 약간의 뭐 돈 스스로 선택할 수 있게 경험하고 고민하게 해주는 공간이예요. 이 친구들이 바라는 게 일단은 뭐 월급도 월급인데 이제 이 일을 하면서 평생 먹고 살 수 있으니까 그 정도의 안정감 정도는 줄 수 있다고 생각하고요.

혹시 기억에 남는 친구나 좀 마음이 더 가는 경우가 있지 않을까요?

있죠. 있는데 뭐 지금 같이 하는 친구도 괜찮고 지금 소년원 갔다 온 친구는 좀 아쉽고 좀 뭔가 더 보여줬어야 되나 뭐 이런 생각도 좀 들고, 중간에 나가고 이런 친구들은 좀 아쉽죠. 제가 뭐 훌륭한 위인은 아니지만 그래도 괜찮아 보이는데 더 오래 같이 할 수 있지 않았을까라는 생각, 그런 건 좀 아쉽죠.

결국에는 계기가 되어 주시는 거네요?

네. 저는 그 정도만 제공을 해주는 거죠. 보통 레스토랑들은 급여 부분이 되게 짜요. 저도 많이 준다고 할 수는 없는

데 웬만하면 잘 안 나가요. 아무 것도 없어도 급여 주고 생활할 수 있게끔 해줘야 이 친구들도 배우고 나가고. 그렇다고 또 부모님이 지원을 해주는 것도 아니고요. 먼저 살아야 되니까 최대한 많이 해주려고 하는데 코로나 2년 동안 뭐 해준 게 없어요. 전에는 같이 레스토랑 가서 밥도 먹고 했는데 지금은 딱히 해줄 수 있는 상황이 아닙니다.

'떼레노'가 다른 레스토랑과 이런 면에서는 확실히 다르다 하는 점이 무엇일까요?

그런 건 없어요. 그런 건 없고 오히려 그냥 똑같이 하려고 노력하죠. 그러니까 보육원에서, 어떤 소년원에서 왔다고 어떤 상처받을까 봐 얘기를 안 한다든지 이런 건 없고요. 잘못한 건 잘못한 거고, 다음엔 이렇게 안 했으면 좋겠다라고 세게 얘기할 때도 많죠. 물론 너무 세게 얘기하면 좀 약간 미안하지만······.

> 셰프님께서는 사회적기업이라는 걸
> 크게 의식하지 않으시는 것 같기도 합니다.

이게 뭐가 먼저냐 하는 문제 같은데 꼭 사회적 책임을 다 하고 사회적으로 뭔가를 해야 돼서 이걸 하는 건, 전 아니거든요. 그렇게 부르든 말든 저는 크게 상관 안 하고 할 수 있는 정도만, 사회적기업 범주가 되게 많은 걸로 저도 알고 있거든요. 친환경을 쓴다든지 이걸 한다든지. 근데 저는 잘 모르겠어요. 그냥 이제 할 수 있는 걸 하는 것뿐이에요. 할머니가 원래 하시던 거거든요. 누구나 함께 와서 할 수 있고 또 자기가 뭔가 선택해서 커리어로 더 이어나갈 수 있고, 하고자 하면 진입할 수 있게 해주고요. 계속 같이 할 수 있게끔 비즈니스 하면서 끌고 가야 되는 입장이죠. 이주여성은 저는 솔직히 얘기했거든요. 한계가 있다고. 이 일을 하기에는 너무 좀 힘들 것 같다. 늦게까지 해야 되는 일도 생길 거고 시스템적으로 애들을 봐줄 수 있는 것도 아니라면 선택하고 집중해서 가는 게 어떻겠냐.

젊은 친구들, 제가 18살에 시작했으니까 오히려 좀 더 어리면 어릴수록 더 쉽죠. 보통 외국 셰프들은 한 14살, 이쯤부터 다들 시작하거든요.

실제로 한 친구가 처음 왔을 때는 아무것도 모르는 백지 상태잖아요. 무슨 일부터 시작하게 되나요?

일단은 책을 줘요. 제가 만든 책이 있어요. 그냥 기본 설명서 느낌에 저희 간단한 조리 용어 적힌 거 주고, 준비부터 시작해서 단계가 이제 플레이팅 하고 또 파트 다른 데 들어갔다가 다른 파트에 들어갔다가 해서 로테이션으로 해요. 개인차가 있긴 하겠지만 쭉 한 바퀴 다 돌고 나서 셰프로 가죠. 지금 자리 잡은 친구의 경우는 길어도 3~4년 걸렸어요. 그 정도 지나면 한 몫을 해요. 개인에 따라서는 1~2년만 있어도 하고요.

청소년들과 일하는 것을 이렇게 오랫동안 지속할 수 있는 이유가 뭐였을까요?

그냥 편견도 없고요 우리 친구가 뭐가 됐든 그냥 똑같이 보려고 노력하죠. 그냥 일반적으로 그냥 똑같이 생각해요. 가끔 실수하는 것도 있는데 처음에는 좀 조심했어요. 초반에는 막 혼도 안 내고 하다가 아예 똑같이 해줘야겠다 해서 똑같이 그러면 이제 제가 이 친구들이라고 오래 못할 이유도 없을 거고 그래요

'떼레노'의 매력이랄까? 스스로 어떻게 소개하세요?

그냥 저희는 일반 레스토랑이에요. 크게 막 뭔가 사회적인 책임을 다하기 위해서 이걸 하는 게 아니고. '사람들과 같이 할 수 있을까?' 하고 시작한 거고요. 제가 막 나서는 성격도 아니고. 왜냐하면 조용히 숨겨진 레스토랑이고 싶어요. 막 티비에 나오는 스타 셰프 보면 '난 저렇게 안 하고 싶다'라는 생각이 많이 들었어요. 와이프랑 얘기하면서도 당신도 저런 예능 프로그램 나가야 한다고 하는데, 나, 저거는 못한다 그래요.

요리를 통해서 전하고자 하는 바가 있다면?

농장에서 직접 키우고 한국 재료도 쓰고 그러니까 저희 메뉴를 정통 스페인 요리라기보다는 그냥 제가 스페인에서 느꼈던 것을 여기서 새로 만들어본다 하는 정도로 생각하거든요. 정통은 아니에요. 정통은 재미(?) 없어요, 사실. 하지만 자연주의적으로 요리라는 건 창작을 하는 거니까요. 그래서 '이거 해볼까?' 하고 농장에 심어놨다가 여름에 나오면 걷어서 샤베트를 만들고 이런 식으로 많이 해요. 이 과정에서 친구들이 같이 농장에 가서 고기도 보고 시골에 있는 식당에 가서 밥도 같이 먹어보고 하면서 재미있게 만들어가는 거죠. 특별히 설명드릴 건 없어요. 그러니까 어떤 레스토랑이든 셰프의 경험이 녹아있고, 그걸 만나러 가는 거죠. 저희도 마찬가지입니다.

2장

필요한
도움을
필요한
사람들에게

명경화 사업부장

오요리아시아

저는 오요리아시아에서 사회적기업이나 마을기업 컨설팅 같은 다른 현장 만나는 일을 많이 하고 있어요. 직접 현장에 가서 그 분들이 어떻게 일하면 더 좋을 지, 지역 비즈니스 측면에서도 주민들을 만나면서 도시재생이든 로컬 비즈니스 방식이든 어떻게 일했으면 좋겠다 또는 해야겠다 고민하고 있습니다.

이지혜 대표님을 처음 만났을 때와 지금을 비교해본다면?

저는 사실 중간중간 본 게 아니라 옆에서 쭉 같이 하다보니까 변화를 알아차리기가 쉽지 않더라고요. 저는 저희 대표님이 변했다고 생각해 본 적이 없는데 사실 변화라는 게 '성장'도 변화라고 한다면, 변화가 있다는 게 좋은 거겠죠?

제가 처음 이지혜 대표님을 만났을 때는, 사실 사회적기업 초창기 지원금이 종료되고 회사가 진짜로 영업 매출만으로 자립해야 하는 시기였어요. 그때가 굉장히 어려운 시기였거든요, 미리 준비를 한다고 했지만 현실은 쉽지 않았고, 그런데다가 그 시기에 분사 독립을 같이 하게 되면서, 말하자면 모든 면에서 정리가 필요했어요. 오가니제이션 요리에서 대표님이 사업부를 가지고 나오시면서 오요리아시아가 시작되었어요.

그때 대표님과 지금 대표님을 비교해 보면, 가장 크게는 기업가적인 면모가 더 많이 생긴 것. 예를 들면 끊임없이 새로운 일을 찾는 모습에서 회사의 성장과 변화를 동시에 느낄 수 있었죠. 외식업이 기본이긴 하지만, 외식업의 한계에 제한받지 않고 다양한 활동 방법을 찾고, 사업 확장으로 계속 연결해가는 부분이 가장 큰 것 같아요. 사업 확장이라는 게 사실 대표가 가진 아이디어에서 시작하는 것이잖아요. 오요리아시아의 소셜 미션이 사업 확장을 통해서 더 구체적이고 정확하게 변했다고 말할 수 있을 것 같아요. 변화라고 할 수도 있지만, 단순한 변화라기보다 성장하면서 변화하는, 그러니까 성장의 의미를 더 담고 싶습니다.

반대로 이지혜 대표님과 10년 동안 함께하면서 변하지 않은 것은 원칙, 즉 우리 회사가 일하는 원칙입니다. 그것은 변하지 않았어요. 결혼 이주여성이 한국에 와서 계속 살아야 할 때 자립 지원을 위해 시작한 그 때를 잊지 않고 있죠. 저희가 지역사업을 하면서도 여성에 집중을 많이 하거든요. 여성 어르신, 여성 청년을 위한 사업이 많아요. 지난 10년 동안 우리가 누구와 어떤 방식으로 일을 해야 하는지에 대한 원칙만은 흔들린 적이 없었던 것 같아요.

오요리아시아에 입사한 이유는 무엇이었을까요?

저는 원래 사회복지를 전공했어요. 워낙에 사회복지, 취약계층에 대한 복지에 관심이 있던 사람이었죠. 제 첫 번째 직장은 종합복지관이었어요. 그런데 제가 겪어보니 종합복지관이라는 데가 애매하게 취약한 분들이 오시는 데였어요. 왜냐하면 애초에 세팅이 그렇게 되어있거든요. 그러다보니까 제가 해야 하는 일도 애매한 거죠. 제가 하는 일이 실제로 도움이 되는 건지 잘 드러나지 않았다는 뜻입니다. 구체적으로 말하면, 그 분들이 저한테 항상 와서 요구했던 건 일자리였어요. 아예 장애인이거나 아예 고령자라면 더 나은 생활을 위한 필요를 요구했을 수 있지만 복지관에 찾아오시는 분들은 대부분 일자리를 원하셨어요. 하지만 복지관은 일자리를 해결해줄 수 없었고요. 그래서 저는 일하면서도 도움을 구하는 분들이 원하지 않는 일을 하고 있다는 일종의 자괴감 같은 게 들었던 것 같아요. '내가 여기서 계속 일하는 게 맞을까?' 하고요. 이런 생각을 하던 중에 우연한 기회로 사회적기업이라는 걸 알게 됐는데, 이 사회적기업이 제가 만났던, 이 애매하게 취약한 분들이 원하는 도움을 주는 곳이더라고요.

우리나라 사회적기업이 IMF 외환위기 이후에 일자리 문제 해결, 특히 취약계층의 일자리 창출을 위해 정책적으로 생겨난 측면이 컸기 때문에 저도 자연스레 사회적기업에 눈길이 가게 됐죠. 그래서 우연한 기회에 '함께일하는재단'이라는 중간 조직에서 일하게 됐어요. 여기서 한 5년 정도 일했는데 그때 제가 들었던 생각은 '내가 아직 사회적기업을 잘 모르는데 중간 조직에서 사회적기업을 지원하는 게 정말로 현장에 도움이 될까?'였어요. (여전히 실제적인 도움을 주고 싶은 마음이 있었나봐요)

'아, 현장에서 일을 한번 해보고 싶다'는 마음이 들던 때 마침 이지혜 대표님께 같이 일해보지 않겠냐는 연락을 받았습니다. 아무래도 제가 사회적기업 중간 지원조직에 있다 보니 다른 사회적기업 대표님들도 많이 알고 지냈는데 이지혜 대표님과는 크게 교류가 없었어요. 그래서 저도 갑자기 같이 일하자고 연락이 와서 되게 놀랐습니다. (그래서 제가 되게 오래 전에 한번 이유를 여쭤본 것 같긴 한데 잘 기억이 안나요. 다른 분의 추천 내지는 그런 것들이 있었던 것 같고, 개인적인 교류는 없었던 걸로 기억합니다)

> 오요리아시아는 외식업을 기반으로 하는 사회적기업이잖아요?

제가 입사할 때는 아직 오요리아시아 창업 이전, 오가니제이션 요리 시절이었는데요. 그때 이미 오가니제이션 요리에 대해서 알고 있었고,(참고로 오가니제이션 요리는 아직도 있어요) 크게 고민하지 않았던 것 같아요. 저 개인적으로 외식업, 정확하게 말하면 먹는 것에 관심이 많고요.(웃음) '외식업', '사회적기업'이라는 키워드가 매력이었던 것 같아요. 그래서 대표님께서 입사를 제안하셨을 때 큰 고민 없이 결정할 수 있었어요.

결론적으로 보면 입사 자체를 후회한 적은 단 한 번도 없고요. 물론 중간중간 그만두고 싶다 이런 생각은 하지만, 괜히 들어왔다 같은 생각을 한 적은 없는 것 같아요. 사실 숫자로만 보면 복지관이 하루에 어르신들 밥 몇 끼 드리고 어떤 서비스 1년에 몇 번 드리고 하는 게 저희보다 훨씬 커요. 그럼에도 불구하고 저는 오요리아시아에서 제가 사회복지에 해당하는 일을 한다는 느낌을 많이 받습니다. 도움이 필요한 분들에게 정말로 필요한 일을 우리가 하고 있다는 것, 경제활동을 시작할 수 있는 길을 마련해준다는 것이 굉장히 크더라고요.

오요리아시아는 취약계층에 계신 분들이 적합한 일자리를 마련해주는 일을 하는 회사여서 저는 예전에 복지관에서 일할 때보다 지금이 더 되게 훨씬 더 사회복지에 더 가까운, 내가 생각했던 사회복지에 가까운 일을 한다는 느낌을 더 많이 가지고 있습니다.

지난 10년을 돌아본다면?

오요리아시아는 근본적인 해결책을 점점 더 바꾸는 방식으로 일을 해 오고 있는 것 같아요. 처음에 저희가 창업을 할 때는 결혼 이주여성들 중에서도, 결혼에 실패한, 이혼한, 또는 이혼했지만 다시 자국으로 돌아갈 수 없고 아이를 한국에서 키워야만 하는 외국인 싱글맘 분들과 주로 일을 했어요.

처음에는 이 분들 하나하나의 자립을 어떤 식으로 도와줄 수 있을까에 초점이 맞추어져 있었는데, 지금은 사람 한명 한명에 집중한다기보다 이 사람들이 일을 할 수 있는 비즈니스를 찾아내고, 그것을 할 수 있게 도와주고 환경을 만들어주는 데에 집중하고 있죠. 지역 비즈니스도 마찬가지고요.

사실 저희가 해외로 갔던 이유도 이들이 한국에 오고 나서 이미 문제가 발생한 후에 우리가 이 사람들의 자립을 지원하는 방식이 확장성도 없고 임팩트도 크지 않겠다는 생각이 들었어요. 그 한계를 우리 눈으로 현장에서 직접 보게 된 거죠.

아시아에 매장을 냈던 이유도 그 나라에서 이 사람들이 합리적으로 먹고 살 수 있는 직업이 생기면 굳이 한국에 (만약이라도 있을 리스크를 안고) 결혼을 하러 오지 않아도 되는 거잖아요. (지금 대표님이 구상하고 계신 것은 아시아 여성 펀드도 생각하고 계신 것 같아요. 구체적인 것은 제가 못 들었지만, 근데 그것도 결국은 더 확장돼서 소셜 미션을 더 임팩트 있게 하려면 효과적으로 하려면 뭘 해야 할까 결국은 아시아 여성 펀드 만드는 것, 이렇게 간 것 같아요)

2012년 들어와서 한 2-3년 정도가 창업기였던 것 같아요. 본사도 분리독립하고 레스토랑도 확장이전 하고, 첫 번째 레스토랑 닫고 다시 이사를 가면서 메뉴나 이런 것도 아시아레스토랑에서 스페인 파인다이닝으로 다시 오픈을 하기도 했죠. 그 시기가 이제 2014년도까지였는데 말하자면 창업기가 아닐까 해요.

레스토랑 오픈을 기점으로 사업을 더 확장할 수 있었어

요. 서울여성플라자 일도 그렇고 그때 해외사업도 주로 많이 했었거든요. 그러니까 2015년부터 성장기 내지는 확장기로 볼 수 있을 것 같아요. 사실 서울여성플라자의 경우, 규모가 엄청 큰 사업이었어요. 저희가 원래 있던 본사 인력의 두 배 정도가 필요한 위탁사업이 들어온 거라 처음 대표님께서 하자고 하셨을 때 저는 찬성을 했었거든요. 당시에도 사회적기업이 정부의 여러 가지 시설을 위탁 운영을 하는 경우가 있었어요. 하지만 대부분 규모가 작은 카페, 구내식당 이런 작은 규모의 것들이에요. 왜냐하면 사회적기업 자체가 규모가 큰 데가 많지 않고, 2007년, 2008년부터 사회적기업이라는 말이 생겼기 때문에 연혁도 그렇게 길지 않고, 그렇기 때문에 대규모 시설을 받는 곳들이 많지 않았거든요. 아마 큰 규모의 사업을 맡은 건 저희가 처음이 아닐까 하네요.

서울여성플라자 사업은 규모도 컸지만 이 사업이 가진 상징성이 있었어요. 그래서 그때부터는 막연하게나마 회사가 많이 달라지겠다는 생각이 들었어요. '뭘 잘 몰라서 못하면 어쩌지'하는 마음보다 겁 없이, 일단 시작하면 어떻게든 되겠지 라는 생각이 있었고, (대표님과 이야기를 나누어보진 않았지만) 대표님도 그렇게 생각하셨던 것 같아요. 일단 준비를 하다보니까 쉽지 않겠구나 싶었어요. 그때까지만 해도 회사 안에 마케팅이나 회계 쪽에서 새로운 인력이 필요할 때기도 했고요. 마침 대표님께서 적절한 시기에 새로운 분을 찾아 오셨는데 그분이 오정희 본부장님이세요.

저는 현장에서 서울여성플라자 관리 운영을 했지만, 초기 운영이나 세팅하는 과정은 대표님과 본부장님이 시기 적절하게 굉장히 많은 도움을 주셨죠. 회사 확장에도 많은 경험을 가질 수 있었고요. 단순하게 규모가 커지면 좋아지겠지 생각했지만 그게 아니라는 걸 알게 됐죠. 규모도 중요하지만, 저희가 서울여성플라자를 되게 힘들게 운영했거든요. (여러 가지로 지금도 여파가 있을 만큼요) 그래서 규모 확장에 대한 환상이 없어요. 우리의 임팩트를 더 확장하려면 어떤 방식으로 일해야 할까 많이 고민했던 것 같은데 지금도 잘 모르겠지만, 규모가 커진다고 해서 임팩트가 커지지 않는다는 것은 그때 이미 느꼈던 것 같아요.

회사와 10년 동안 함께 해 오면서 개인적으로 시련기는 디폴트로 계속 깔려 있는 것 같아요. 처음부터 지금까지 계속 가지고 가는 부분이 아닐까 합니다. '시련기'라기보다는 갑자기 회사가 큰일을 한다거나 내지는 원했던 만큼 성과가 나오지 않았을 때 불안하기도 하고, 그런 과정이 있었죠. 한 때만 그랬던 것 아닌 것 같고. 계속해서 있었던 것 같아요.

근데 저는 회사가 사회적기업이라 그런 건지, 규모가 작은 자영업이라 그런 건지 헷갈려요. 저는 사실 두 개 다 있는 것 같거든요. 외식업 자체도 특히 대기업들처럼 (다른 분야도 마찬가지겠지만) 규모가 어느 정도 되지 않으면 사실 노동집약적 근무환경 자체가 많다보니까 시련기라는 건 계속 깔고 가는 거라는 생각이 드네요.

**서울여성플라자, 석항 트레인 스테이 등
회사의 굵직한 역사를 만들어낸 주역이라고 들었습니다.
한 명의 사회적기업 구성원으로서,
부장님이 생각하는 '소셜 비즈니스'란 무엇일까요?
(이지혜 대표님도 궁금하다고 하셨어요)**

저희가 서울여성플라자 끝나고 바로 석항에 가서 지원 사업을 하게 됐어요. 그 전에는 사실 로컬 사업도 없었거든요. 그때 제주도 가서 제주 창업, 제주청년 외식업 지원 사업을 하면서 이런 부분이 지역에까지 확장이 됐고, 석항 사업과 제주 사업이 끝날 때 레스토랑이 하나 더 생기고 그게 미쉐린도 되면서 오요리아시아는 지역 비즈니스를 하는 회사다, 라는 브랜드 색깔이 생겼거든요.

사회적기업에 대한 갖고 있는 사람들의 인식이 상반된 두 가지가 있는데 하나는 좋은 일 하는 곳, 사회적기업이니까 직원을 착취한다거나 내지는 나쁜 재료를 속여서 거짓말을 한다거나 그러지는 않겠지 라는 인식, 또 하나는 별로 실력이 없다. 제품이 별로 좋지 않을 거야. 전문성이 별로 없을 거야. 라는 두 가지가 공존을 하고 있는데 저희는 로컬 비즈니스에 대한 브랜드도 생기고 외식업에 대해서도 인정을 받은 거잖아요. 저희가 미쉐린 원 스타 받기 위한 목적으로 일을 한 건 아니었지만 그 당시에 회사가 좋아졌고 많이 달라졌고, 확장이 되었죠.

결국은 사회적기업이 하는 일이란 취약한 사람들을 정상적인 시장 경제, 노동 시장 안에 진입할 수 있게 만드는 그런 일이예요.

사실은 서울여성플라자와 석항 트레인 스테이가 같은 회사에서 하는 일이라고 보기는 굉장히 다른 일이거든요. 그래서 일이 다양하게 변한 것 같지만, 그럼에도 우리가 계속 했던 이유는 정상적인 자기 비즈니스를 할 수 있게 만들어주는 것, 사람을 키우는 회사거든요. 제가 석항에서 일을 마치고 나서 들었던 생각은 '아, 우리 회사는 사람을 키우는 회사구나'하는 생각이 정확하게 들었어요.

사람을 키운다는 게 예를 들어서 취약한 어떤 사람이 노동 시장에 진입하려면 취약한 사람 자체 역량이 강화되어야 하는 것도 있지만 노동시장이나 시장 경제에서 해결되어야 하는 부분도 있잖아요. 예를 들면 노동조건이라든지, 여러 가지 불합리한 관행이나 구조적인 문제들이 해결되어야 이 사람들이 합리적인 노동시장 안에 들어갈 수 있어요. 노동시장에 들어가지 못한 게 이 사람들 자체적인 문제만은 아니라고 생각하거든요, 그런 것들이 분명히 있기 때문에 그런 것들까지 같이 보면서 일을 해왔어요.

예를 들면 이런 거죠. 전철역에 엘리베이터가 생기거나 휠체어 지나가기 편하게 넓은 자리들이 있잖아요. 옛날에는 삼발이 같은 거 달려가지고 안전문 통과해서 갔어야 하는데 (놀이동산 같은 곳에 가면 아직도 있죠) 그런 출입구는 두 다리로 보행하는 사람만이 통과 가능하거든요. 지팡이를 들거나, 유모차를 밀거나 휠체어를 타거나 양 손에 짐이 있거나 하는 사람들은 통과하기 되게 어려워요. 그래서 그리로 지나가기 어려운 분들을 위해 엘리베이터도 만들어주고, 휠체어가 지나갈 수 있게 넓은 출입구도 만들고 했던 거죠. 하지만 일부 사람들은 '장애인이 집에

나 있지, 세금 들여서 이런 거 만들어 놓냐'하면서 욕했단 말이에요. 그래도 그 덕분에 유모차 사용자, 많은 짐을 든 사람들까지 함께 이용할 수 있게 된 거거든요.

잘못된 시스템이 더 망가지지 않게 더 나아가 좋은 방향으로 개선되도록 시장 경제 안에서 일하는 방식을 만드는 거죠. 비즈니스 밖에서 하는 일이 아니라 비즈니스 안으로 우리가 들어가서요. 저는 이게 바로 소셜 비즈니스라고 생각합니다.

'사회적기업, 투자할 만 하다', 그 이유는 무엇일까요?

사회적기업에 투자하는 것은 결국 사회에 투자하는 거거든요. 불합리한 일을 고쳐나가는 일을 사회적기업이 하고 있기 때문에 사회적기업에 투자를 해서 사회적기업이 성과를 내면, 그만큼 사회적 시스템이 좋아지는 것과 연결이 되는 거니까요.

저는 투자할 만 하다에 더해서 '투자해야만 한다' 오히려 그렇게 생각하고 있고 제가 생각하는 소셜 비즈니스 또한 취약계층만을 위해 일하는 것이 아니라 결국 사회적기업의 파급력은 사회 전체로 갈 수밖에 없다고 생각합니다.

대표적으로 취약계층, 이를테면 외국인 싱글맘이 외식업

에서 일하면 저녁시간이나 주말에는 일하기 어렵잖아요. 당연히 사무직도 마찬가지고요, 회사에서 근무조건을 탄력적으로 만들어줘야 가능한 건데 그러면 외국인 싱글맘뿐만 아니라, 한국인 싱글맘, 나아가서 워킹맘도 좋아지는 거잖아요.

소셜 비즈니스는 파급력이 있을 수밖에 없는 분야라고 생각해요. 취약한 사람들과 함께 이 사람들이 정상적인 노동시장 안에서 일하게 되는 것. 이 사람들의 문제가 해결되려면 시스템을 건드릴 수밖에 없고요.

서울여성플라자 입찰 준비하면서, 요즘 SPC social progress credit, 사회성과인센티브나 성과 측정 같은 것도 많지만 결혼이주여성 한 명을 창업시키고 고용해서 월급을 주는 일이 얼마나 큰 사회적 성과가 있는지 환산해봤을 때, 반대로 이 사람이 취업을 못해서 복지 혜택을 받아야만 생존이 가능한 사람일 때를 비교해서 계산해 본 적이 있어요. 실업급여, 직업훈련 프로그램들, 자녀 복지혜택까지 환산을 해보니까 이 사람이 복지혜택을 받는 사람에서 아닌 사람으로 바뀌었을 때 세이브 되는 세금이 너무 큰 거예요. 막연하게 한 사람이 자립하는 것이 큰 성과겠구나 했던 것보다 어마어마하더라고요. 그리고 월급은 일해서 받아가는 거고 복지혜택은 일을 할 수 없는 상황에서 받아가는 거고 하니까 생산성을 떠나서(이런 단어를 쓰는 게 맘에 안 들긴 하지만) 똑같은 돈인데도 순환구조가 달라지는 거더라고요.

사회적기업이니까요. 환경도 마찬가지인 것 같아요. 또 하나 예를 들면 대기업이 공장 돌려서 오염이 일어날 때 그 이익은 대기업이 가져가지만 손해는 사회적으로 모든 사람이 감당해야 하는 거잖아요. 그래서 저는 투자할 만 하다보다 당연히 투자해야한다고 생각합니다.

다만 투자 성과가 어떻게 나타나는지 사회적기업이 더 구체적이고 치밀하게 보여줘야 하고, 투자라는 건 어쨌든 분명히 성과가 나와야 하기 때문에, 사회적기업들이 더 적극적으로 구체적인 성과를 밝혀야 하는 것도 꼭 필요한 것 같아요.

10년간 이지혜 대표님과 함께 일하면서 전하고 싶은 말을 부탁드립니다.

10년 동안 곁에서 지켜보면서 리더라는 자리가 너무 힘들고 어렵기만 한 게 아니라 너무 외로운 자리구나 하는 걸 정말 피부로 느꼈어요.

제가 중간지원기관에서 일할 때 다른 대표님들도 그런 말쓸을 많이 하셨거든요. 제가 퇴사하기 전에 마지막으로 했던 사업 중 하나가 대표들만 모아서 네트워크를 만들어서 진행하는 게 있었는데 그때는 머리로만, '맞아, 대표는 외롭지'하고 알았는데 10년을 실제로 같이 있어보니까, 그 말이 진짜 몸으로 다가와요.
저는 사실은 일을 열심히는 할 수 있지만, 일이 잘못됐을 때 제가 책임질 수 있는 부분은 많이 없잖아요. 결국은 책임은 대표가 져야 하고 어쩔때는 정말 억울하고 외로운 자리구나 라는 생각을 많이 했거든요. 그래서 저는 가끔 대표님께도 "저는 별로 창업하고 싶지 않아요." 라고 말씀드리곤 해요. 그만큼 그 자리를 가까이서 오래 봐왔죠.

리더로서 드리고 싶은 말은 제가 다는 모르지만, 하고 싶은 말이라기보다는……. '좀 짠하다?'는 생각을 많이 했던 것 같아요. 짠하다 말고 다른 표현이 없을까 싶은데, 저는 뭐라고 정확하게 표현하긴 어렵지만, 그래도 어려움 속에서 꺾이지 않고, 그럼에도 불구하고. 이런 느낌?

어쩌면 사회적기업이기에 더 그런 것도 있을 것 같아요. 눈에 뻔히 보이는, '아, 이렇게 하면 덜 힘든데, 매출 더 만들 수 있는데'하는 상황에서도 사회적기업이다보니까 쉽게 결정하지 못하고요. 누가 그걸 알아주는 것도 아니고

……. 어쨌든 대표는 책임을 져야 하지만 남들이 속속들이 알아주지 않는다는 게 제일 많이 어렵죠. 그럼에도 불구하고, 어쨌든 꺾이지 않고. 꺾이지 않고. 잘 해주셨다고 생각합니다.

사회적기업의 구성원로서 정말 존경스럽죠. 많은 가치를 지켜가며 일을 한다는 게요. 그래서 제가 계속 같이 일을 하게 되는 것 같고요. 배우는 지점도 있고, 흔들리지 않게 또 내가 일을 하는 방향이나 이런 것들을 대표님을 보면 다시 다잡고 갈 수 있는 것 같고요. 정말로 존경스러워요. 이 판에서는 쉽게 볼 수 있는 그런 캐릭터는 아닌 것 같아요. (웃음)

10년이 짧은 기간도 아니고, 저도 나이가 먹고 시간이 흐르다보니 건강했으면 좋겠다.라고 말씀드리고 싶네요. 처음엔 결혼이주여성 한 명 이렇게 일을 하다가 지금은 아시아 여성 펀드까지 왔는데 그런 일에서 조금 더 대표님이 더 행복을 많이 느끼셨으면……, 지금보다 더요. 어려운 장면 장면이 많이 있다 보니까 그럼에도 불구하고 더 큰 행복을 느끼며 일을 하셨음 좋겠다고 말씀드리고 싶어요.

3장

그 자리에
사람이
남았습니다

오정희 전 오요리아시아 본부장
___
현 스위트바이오 COO

안녕하세요, 저는 오요리아시아에서 6년 간 이지혜 대표님과 일하였고, 현재 스타트업 주식회사 스위트바이오에서 COO를 맡고 있는 오정희라고 합니다. 2014년 이지혜 대표님이 오요리아시아의 사업 운영과 경영을 고민하시던 차에 만나게 되어 오요리아시아에 조인하였고, 그 후 다양한 사업과 프로젝트를 함께 진행하였습니다. 저는 오요리아시아에서 일하기 전에는 영리기업에서 주로 일했었기 때문에 이지혜 대표님과 함께 일하며 소셜 미션 중심의 경영이라는 새로운 시각을 얻게 되었어요.

처음 일을 시작했을 때는 영리기업과 너무나도 다른 의사결정에 의문과 의구심도 가졌었지만 오요리아시아를 통해 삶의 변화를 맞이한 분들을 보며 제 자신도 변화하게 되었습니다. '사람을 키우는 회사'를 만들겠다는 대표님의 가치는 예나 지금이나 변함이 없는 것 같아요. 또한 대표님도 제가 가지고 있는 영리기업의 경영 시각을 흔쾌히 받아들여서 고객 중심적인 마인드가 한층 늘어나신 것이 긍정적인 변화인 것 같습니다.

**비콥 인증 관련해서 역할을 하셨다고 들었습니다.
오요리아시아의 임팩트 가치는 무엇일까요?
또, 임팩트 가치를 더 높이기 위해서 해야 할 일은 무엇일까요?**

네. 아무래도 비콥 인증을 진행하기 위해 영어 소통이 필요했기 때문에 제가 전체 인증 절차를 진행할 수밖에 없었어요. 워낙 오요리아시아가 실천하고 있는 사회적 가치가 이미 확고했기 때문에 어떻게 하면 잘 표출되도록 할지 고민했었습니다.

오요리아시아는 단순한 기부나 교육에서 끝나는 것이 아니라 과정을 마치고 경제적으로 또 사회적으로 독립할 수 있도록 훈련 과정을 설계해 왔는데 이 부분이 다른 곳과는 크게 차별화되는 부분인 것 같습니다.

외부의 시선으로 볼 때는 훈련 도중에 케어가 부족하다고 느낄 수 있는데 사실 종료 이후 참가자들의 변화된 삶을 보면 오요리아시아의 방법이 틀리지 않았다는 것을 증명하는 것 같습니다. 실제로 비콥에서도 이 부분을 높이 평가한 것 같고요.

함께 일하며 늘 아쉬웠던 부분은 직업 훈련, 창업 교육 등 과정 이후에 예산이 없어 후속 지원을 못 하는 것이었는데요, 이 부분이 보완이 된다면 더욱 임팩트의 가치가 높아지지 않을까요?

**사회적기업의 리더란 어떤 사람일까요?
사회적기업의 리더이기 때문에
일반기업의 리더와 달라야 하는 지점이 있을까요?**

사회적기업에서 잠시 근무했던 경험으로 리더를 논하기 부끄럽습니다만, 저는 어떤 조직이든 리더의 역할과 자질은 크게 다르지 않다고 생각합니다. 사회적기업이든 영리기업이든 기업 활동을 통해 이루고자 하는 핵심 가치는 누구나 가지고 있어야 하고, 그 가치가 제대로 실현될 수 있도록 조직을 이끄는 것이 리더의 역할이 아닐까요?

어느 때보다 격변하고 있는 사회 환경 속에서 기업은 늘 생존의 위협을 받는 동시에 쉬운 길로 가려 하는 유혹을 받고 있습니다. 하지만 어떤 기업이라도 자신의 가치와 미션을 제품과 서비스에 반영하지 않는다면 시장에서 너무도 쉽게 잊혀지고 사라질 수 밖에 없습니다. 그런 점에서 조직의 리더는 추구하고자 하는 '가치'의 일등 수호자가 되어야 하고 또 홍보 대사가 되어야 하는 것 같습니다. 끈기 있게 조직의 멤버와 시장을 설득해야 하고요. 사회적기업이라면 그 가치가 더 나은 사회를 만들기 위한 소셜 임팩트가 되겠고, 일반 기업이라면 제품과 서비스를 시작하게 된 원동력이 되겠지요.

> **사회적기업의 임팩트 투자 IR 경험을 바탕으로 생각해보셨을 때, 많은 사회적기업이 놓치는 지점은 무엇이 있을까요? 또 성공적인 임팩트 투자를 위해서 꼭 준비해야 할 점들은 무엇일까요?**

임팩트 투자의 어려운 점은 임팩트 성과와 경영 성과, 두 가지를 모두 달성해야 하는 점이라고 생각합니다. 그리고 그 두 가지의 적절한 균형을 찾는 것도 어렵고요. 소셜 임팩트를 충분히 달성하면서 수익성이 있는 비즈니스 모델을 만드는 것 역시 매우 어려운 일이라고 생각합니다. 전문가의 도움 없이 3~5년의 재무 설계를 하는 것도 어렵고요. 하지만 투자 자료를 준비하면서 가장 중요한 것은 역시 사업에 대한 진정성이라고 생각합니다.

결국 투자자를 설득할 수 있는 부분도 얼마나 대표가 이 사업을 끝까지 이끌고 갈 의지가 있는가가 아닐까요? 1, 2년 뒤 포기할 것 같은 회사에 투자하고 싶은 투자자는 없을 테니까요.

다음으로 중요한 건 스스로 자립할 수 있는 사업 모델을 만들어 내는 것이 아닐까 합니다. 지원금이나 추가 대출 없이도 손익분기점을 달성하고 사업이 유지될 수 있어야 꾸준한 소셜 임팩트를 만들어낼 수 있습니다.

> 사회혁신가로서 이지혜 대표님의 장점과 매력은 무엇일까요?

이지혜 대표님은 누구보다도 사람을 키우는 데 진심인 분입니다. 여러 번 강조했던 사회적기업가로서의 진정성이 대표님의 큰 장점이라고 생각하고, 그렇기 때문에 10년이라는 시간 동안 흔들리지 않고 자리를 지켜오셨다고 생각해요.

같이 일하면서 농담으로 이지혜 대표님은 인복이 참 많다는 이야기를 자주 했는데요, 그만큼 진정성과 인간적인 매력이 크기 때문에 한 번 인연이 닿으면 꾸준하게 관계가 유지되는 것 같아요.

이건 장점이자 단점이 될 수도 있겠는데 사람들에게 거침없이 도움을 요청하시는 편이에요. 처음에는 거침없이 약점을 오픈하고 도움을 요청하시는 모습에 조금 놀라기도 했는데 또 그런 솔직함과 당당함이 이지혜 대표님만의 인간적인 매력인 것 같아요.

타고난 창업가 기질이 있어 새로운 일을 벌리는 것을 즐기시는 편인데 (본인은 극구 부인하시겠지만) 같이 일하는 입장에서는 '아 대표님이 또 일을 벌리셨구나' 하고 걱정

이 앞설 때도 많았고 또 그 일을 함께 완성해야 하는 점들이 매우(!) 힘들었습니다. (웃음)

영리기업과 사회적기업을 비교했을 때, 어떤 공통점과 차이점이 있을까요?

사실 그동안 한국 사회에서 사회적기업이 기업의 사회적 책임을 일깨우고 영리기업이 하지 못하는, 소위 돈은 안 되지만 꼭 해결해야 하는 문제들을 해결하는 데 큰 공을 세웠다고 생각합니다.

하지만 이제는 일반 기업들도 사회적 책임에서 자유로울 수 없는 시대가 되었고, 오히려 영리기업들이 더 큰 규모로 더 많은 사회 문제를 해결하려 하고 있습니다. 저는 요즘의 트랜드가 사회적기업의 입지를 좁게 만든다기보다 전체 사회의 문제 해결에 더 도움이 될 것이라고 믿어요. 이렇게 변화된 환경 속에서 사회적기업은 아직 해결되지 않은 사회적 문제를 찾아 창의적인 솔루션을 고민하고, 또 영리기업은 임팩트를 확대하는 서로의 역할이 있지 않을까요?

법과 제도상으로는 사회적기업과 영리기업을 구분하는

기준이 있겠지만 제가 볼 때 이제는 사회적 역할을 하지 않고는 어떤 기업도 오래 지속될 수 없는 시대가 되고 있는 것 같습니다. 또한 소규모의 사회적기업들이 새로운 문제에 도전하고 해결책을 실험할 수 있도록 정부와 영리기업의 지원과 협업도 더욱 많아져야 하겠지요. 사회적기업들이 지속적으로 임팩트를 실험하고 또 생존할 수 있는 생태계 조성이 중요하고, 여기에 영리기업들의 관심과 참여가 많아지면 좋겠네요.

'사회적기업, 투자할 만 하다', 그 이유는 무엇일까요?

아, 어려운 질문이네요. 저도 이거는 투자를 결심하신 임팩트 투자자들에게 질문하고 싶은 걸요? (웃음) 투자를 통해 이룰 수 있는 일들이 많이 있는데 그 중에서 사회적 문제를 해결하고 변화를 만들어 내는 일에 동참하는 것은 멋진 일이 아닐까요?

영리기업은 투자에 실패하면 손해만 남지만 사회적기업은 경제적 성과를 얻지 못 하더라도 사회적 성과는 얻을 수 있으니 실패의 리스크도 적습니다!

**사회적기업 창업을 꿈꾸는 청년들에게
해주고 싶은 말이 있다면?**

사실 요즘 창업을 꿈꾸는 분들은 정말 아이디어도 많고 준비도 열심히 하시더라구요. 그분들에게 제가 조언을 드릴만 한 입장은 아닌 것 같지만 조금 더 앞서 걸었던 사람으로서 느낀 점은 말씀드릴 수 있을 것 같아요.

어떤 일이든 시간과의 싸움인 것 같습니다. 사업을 할 때는 꼭 한 두 번의 중요한 기회가 오는데 이런 기회를 잘 알아보고 잡을 수 있는 안목과 대담함이 창업가에게는 필요한 것 같아요.

저는 실질적인 경영을 해 오다 보니 기회가 와도 계산을 해 보고 머뭇거리게 되는데, 성공한 창업가들은 설령 완벽하게 준비가 되어 있지 않더라도 기회를 놓치지 않는 선택을 하는 것 같아요.

또 사업은 잘 될 때도 있고 안 될 때도 당연히 있는 것이니 어려움에 흔들리기 보다는 끈기를 가지고 자신의 가치를 지켜내는 것이 중요한 미덕인 것 같습니다. 아, 그리고 하나 더. 일에 파묻혀서 건강을 잃지 않는 것! 대표가 건강

해야 회사도 또 직원들도 건강할 수 있다는 점을 꼭 강조하고 싶어요.

> **들려주고 싶은 이야기가 있다면?**

예전에 오요리아시아에서 일할 때 농담처럼 '너무 바빠서 그만 둘 시간이 없다'고 이야기하곤 했었어요. 이지혜 대표님과 함께 일한 6년 동안 울고 웃으며 전국 방방곡곡을 정신없이 돌아다녔는데 뒤돌아보니 그 자리에 사람이 남았더라구요.

이제는 각자 다른 길에서 서로를 응원하고 있지만, 오요리아시아의 주주로, 또 펀드 참여자로 이렇게 다른 방식으로 인연을 이어가게 되었네요. 수많은 어려움 속에서도 오요리아시아가 사회적기업으로서 10년 이상 생존할 수 있었던 것은 이지혜라는 큰 나무가 단단히 뿌리를 박고 버텨주었기에 가능하지 않았나 합니다.

바람에도 폭우에도 흔들리지 않고, 때로는 울타리가 되고 때로는 놀이터가 되어 준 오요리아시아가 앞으로 더 많은 사람들에게 영감을 주는 기업이 되기를 기원합니다!

4장

사회적 가치와 비즈니스, 사회적기업 생태계

변형석 대표

트래블러스맵

> 오요리아시아도, 트래블러스맵도 하자센터에서
> 회사를 시작한 것으로 알고 있습니다.

하자에서 했던 건 교과목이라기보다는요, 저희는 그렇게 불렀어요. 자기주도학습이라거나 아니면 프로젝트 학습이라고 부르는 방식이었어요. 어떤 정해진 교과목이 있지 않고 아이들이 하고 싶어 하는 걸 찾아내서 커리큘럼으로 기획해내고 아이들이 실행하면서 그 과정에서 배울 수 있도록 설계해 주는 역할이었어요.

> 여행업 출신도 아니시고, 아이들과 함께 하던 수업에서
> 창업까지 이어지게 된 과정이 궁금합니다.

원래 저도 하자센터에 처음 갔을 때는 개발자였었어요. 인터넷 초창기인 1999년 무렵 인터넷 창업을 했던 적이 있었고요 그 연장선으로 하자센터에 개발자로 들어갔다가 당시 조한혜정 교수님이 좀 지켜보시더니, '너는 교사하는 게 맞겠다'고 하셨고 실제로 제 적성에 맞았어요. 부대끼는 게 되게 좋기도 하고요.
그래서 수업을 하면서 처음 목표는 수업을 통해 여행을 주제로 하는 학교를 만들자는 것이었어요. 일종의 대안학

교를 만드는 거죠. 하지만 자금이 있는 것도 아니고 어떻게 풀어내야 할까 고민하고 있던 차에 하자에서 사회적기업을 육성하는 프로젝트를 했습니다.

처음부터 여행사를 만들려고 했던 건 아니었고 학교를 여행의 방식으로 만들어보자고 했던 거였고 실제로 '로드스꼴라'라는 여행 학교를 만들기는 했습니다. (지금은 독립해서 운영을 하고 있어요) 그런데 학교가 돈을 버는 수단은 아니니까 조직을 유지하고 발전시키기 위한 상품 개발이 필요했고, 거기서부터 여행 상품을 많이 기획하고 개발하게 된 거죠.

그러면 당시 트래블러스맵이 태동할 때 요오리아시아도 비슷한 시기에 시작된 건가요?

당시 센터의 제1호 기업은 노리단이 있었고요. 그 다음 2호가 오가니제이션 요리였죠. 당시 저희 고민 중에는 청소년 교육을 위해서 대안 교육이라고 해가지고 교육은 시켜놓았는데, 아이들이 졸업하면 하고 싶은 일 하면서 먹고 살게 하자고 해놓고 실제로 졸업한 후에 대책이 뭐냐? 왜냐하면 졸업한 아이들을 봤더니 그저 대학에 가거나 아니면 어디서 알바하고 있거나 하니, 이건 아니지 않나, 그 고민의 연장선상에서 하자가 창업에 관심을 가지기 시작했어요.

'청소년과 함께 일할 수 있는 일터를 만드는 게 우리의 미션이다'라는 맥락에서 첫 번째 시도가 노리단이었고, 나중에 사회적기업 제도가 생기고 사회적기업 지정도 받고, 인증 받게 된 것이죠. 그리고 2009년부터는 약 10 여개 정도의 사회적기업 프로젝트가 시작됐습니다.

하자센터가 말하자면 사회적기업의 산실 역할을 했군요. 그런데 사회적기업 생태계라는 측면에서는 하자센터나 사회 여러 곳에서 개별적인 시도들이 있었을진 몰라도 아직 사회적기업 생태계를 이루는 부분에서는 아무것도 없었던 게 아닌가 하는데요. 사회적기업 생태계를 어떻게 정의할 수 있을까요?

2008~2009년을 돌이켜 생각해 보면 당시는 사회적기업이라는 표현부터 굉장히 낯설 수밖에 없는 환경이었습니다. 어떤 제도나 물적 기반이 전혀 없는 상태였어요. 그냥 사회적기업 육성법만 떡하니 만들어진 상황? '사회적기업 하면 인건비 지원해 줄게'말고는 사실은 생태계라고

표현할 수 있는 건 없는 상태였죠.

이게 결정적으로 좀 달랐던 게 외국 특히 유럽하고의 결정적인 차이가 유럽은 비영리조직의 경제활동 전통이 굉장히 강력했어요. 이미 오래전부터 비영리 조직이 다양한 종류의 경제활동을 해왔고 사회적기업이라고 부르고 그 다음에 협동조합의 자원들이 같이 있으면서 시너지를 내는 시점에 사회적기업이라는 굉장히 독특한 모델이 등장했던 것이죠. 하지만 한국은 사회적기업의 전통이 너무나 취약했던 거죠.

우리는 주로 정치사회적 문제를 제기하고 그것을 해결하는 방식에 집중되다 보니까 경제활동 같은 사람들의 생활에 밀착된 형태의 조직들이 아닌 사회운동 차원의 흐름이 주로 있었고요. NGO기반, 협동조합 기반도 약해서 진짜 그냥 사회적기업 육성법이라는 제도만 덜렁 있는 게 2008~2009년 상황이었습니다. 열악했던 게 맞죠.

> 그럼 사회적기업 생태계 이야기는 뒤에서 더 이어가기로 하고요, 창업에 대해서 좀 더 질문 드리고 싶은데요. 사회적기업 1세대로서, 누군가에게 배워서 시작한 게 아니라, 자연스럽게 그냥 뛰어들게 되신 거잖아요?

이지혜 대표도 마찬가지고 저도 하자센터라는 공간에서 자기 성장을 해왔던 과정이죠. 저희가 서른 즈음에 하자에 들어가서한 10년 정도 동안 (사실 지금 돌아보면 굉장히 어린 시절인건데) 열심히 학습했던 거예요. '우리의 자기주도학습은 뭐냐?'내지는 '너의 프로젝트는 뭐냐?'하는 걸 스스로도 질문했고 하자센터라는 공간에서도 계속 그 질문을 던지고.

그런데 앞으로 이 사회를 어떻게 살아갈 것인가 하는 관점에서 창업이라는 건 굉장히 좋은 도전의 소재로 다가왔어요. 창업을 통해 기업가로서 어떤 새로운 흐름을 만들어 나가자는 거죠. 이게 굉장히 매력적이고 도전적이었죠.

> 그러면 각자 창업을 하고 나서 트래블러스맵과 오요리아시아라는, 이제 개인이 아니라 기업 대 기업으로 함께 하게 된 거잖아요?

저희가 하자센터에 있을 때부터 서로에 대해서 너무 잘 알고 함께하는 과정을 계속 겪어왔던 사이인데, 다만 '기업 대 기업으로 협업의 기회가 뭐가 있을까?'라고 했을 땐 처음에는 명확하진 않았었어요.

서로를 잘 알고 있고 서로의 고민도 잘 알고 술도 종종 마시고 허심탄회하게 이런저런 얘기도 하고 하는데 저쪽은 어쨌든 외식업을 하고 있고 (둘 다 학교를 한다는 점에서는 양쪽 다 공통분모는 있기는 있었습니다만) 그런데 그쪽은 아이템이 요리고 우리는 여행이라 쉽게 연결되지는 않았어요.

이제 둘 다 좀 더 고민이 진전되면서 갔던 건 여행과 관련해서 우리가 시너지가 날 수 있는 아이템이 있겠다. 예를 들면 여행자를 위한 공간 비즈니스를 구상한다면 우리가 협업할 게 많겠다는 생각이 들었죠.

여행자 센터든 여행자 허브든 여행자를 위한 공간을 설계한다면 당연히 먹거리도 있어야겠고 잠잘 곳도 있어야겠고 그곳을 안내하는 시스템도 있어야겠고 이동수단 같은 이슈도 있고 하여튼 등등등이 붙으면 접점이 있었어요.

그게 바로 네팔에 ODA(Official Development Assistance 공적
개발원조) 사업을 제안하면서, 일종의 앵커 시설을 만드는
것이죠. 오요리아시아와 연결을 시작했던 것이었습니다.

**그런데 일반적인 여행사의 관점에서 봤을 때는 네팔이
그다지 매력적인 비즈니스 공간으로 보이지는 않거든요?**

그렇죠. 여행사의 입장에서만 보면 그렇죠. 여행업을 하면서 저도 계속 학습하는 것이지만 여행이라는 건 로컬하고 떼어서 생각하기 어렵더라고요. '여행을 갔는데 여행자가 즐거우면 되지'라는 사고는 기존 패키지 투어나 대량 관광이 가지는 폐해니까. 그걸 분명하게 알고 있는 사람으로서 그러면 우리가 관심 가져야 될 게 무엇일까? 어떻게 해야 그 폐해를 바꿀 수 있을까? 질문하면 로컬을 바꾸는 수밖에 없습니다. 실질적인 피해가 생기는 것도 로컬이고, 실질적인 기회가 생기는 것도 로컬이거든요.

하지만 여행사의 기능은 연결하고 중개하는 것이라 단번에 로컬을 바꿀 수는 없더라고요. 바꿔 말하면, 여행사 그러니까 저희가 여행자를 보내고 싶어도 현지 로컬이 준비되어 있지 않으면 보낼 수가 없습니다.

그러면 로컬을 어떻게든 여행자들이 갈 수 있는 공간으로 바꿔내야 되는 게 우리의 핵심 미션으로 보였어요. 국내나 해외 다 마찬가지인데 공정여행을 하고 싶은 여행자가 있더라도 그렇게 여행할 수 있는 곳이 없다면 아무도 의미가 없잖아요? 그저 도덕적인 캠페인 정도 수준인 거죠. 실제로 공정여행을 만들려면 먼저 현지 로컬을 바꾸는 수밖에 없다는 게 보이는 거죠. 그게 돈이 되든 안 되든 간에 말하자면 수술인 거예요.

네팔은, 저희가 국내 여러 지역이랑 다양한 프로젝트를 하면서 '이제 해외에서도 좋은 사례를 만들어보자'했던 거죠. 그런데 그러려면 이게 우리 돈만 가지고 뭘 할 수 있는 게 아니니 ODA와 결합시켜서 본 것이고, 네팔은 가장 열악한 국가이기 때문에 필요성이 가장 컸죠.
하지만 한국인 관광객 순위로 보면 정확히 최하위권 정도에나 있는 나라죠. 이걸 일반적인 비즈니스 기회로 본다면 기회로 보이지 않죠. 하지만 현지 로컬을 바꾸고 '그 임팩트가 가장 큰 곳이 어디냐?'라고 묻는다면 네팔이죠.

그리고 네팔에서 정말 비즈니스가 불가능한가? 아예 비즈니스가 성립되지 않느냐? 그건 아니거든요. '열심히 준비하면 대박은 아니더라도 충분히 지속가능한 정도의 비즈니스 효과는 나오겠다'라고 판단했죠.

그래서 저희가 네팔을 골랐고 저희가 찾아낸 것은 네팔이 먹고 사는 주요한 수익원이 세 가지 정도 있었어요. 첫째, 수공예품, 둘째 농업, 셋째 관광. 이 세 가지 영역 중에서도 특히 여성이 주로 활동하는 수공예품과 관광을 묶어서 비즈니스화 해보자.

**일반적인 관점으로 보면 비즈니스가 아닌데,
사회적기업의 시선으로 보면 비즈니스가 생기는 거네요?**

그렇죠. 단순하게 말하면 그냥 여행사의 관점으로 봤을 때 '이건 비즈니스하기 별로인데'하고 지나칠 수 있는 걸 사회적기업의 관점으로 봤을 때는 기회가 생기는 거죠. 이미 유럽에서는 ODA를 통한 개발 사례가 많고요.
네팔이라는 곳이 굉장히 저개발된 국가지만 저개발된 국가이기 때문에 더 많은 기회가 있거든요. 시장의 규모는 작을지 몰라도 시장의 기회 요소는 충분하다. 그리고 그것을 지역을 망치지 않는 방식으로 지역에 훨씬 더 도움이 되는 방식으로, 초기이면 초기일수록 훨씬 더 임팩트를 키우면서 비즈니스가 가능한 모델들을 만들어낼 수 있다고 봅니다.

> **로컬에 대한 관점이 굉장한 힘을 가지네요.
> 그렇다면 구체적으로 사회적기업은 로컬에
> 어떻게 접근해야 할까요?**

국가별로도 그렇고 지역별로도 그래요. 한국에서도 마찬가지입니다. 지금 제주에 지난 20년 동안 사람들이 많이 내려왔고 다들 좋아하는 곳이라 괜찮지만, 다른 지역은 지역이 중심이 되서 뭔가 해내기가 쉽지 않은 게 사실이예요. 이런 맥락 속에서 저희가 지역에 관심을 두고 접근하게 되는데요.

예를 들면 '명동을 어떻게 해보자'이런 생각을 하지는 않죠. 그런 곳은 뭔가 도움이 필요하다고 생각하지는 않는, 지원이 필요하지 않은, 말하자면 자본의 논리가 훨씬 더 크게 작용하고 큰 자본이 더 큰 자본을 버는 구조라면요. (그런 곳이 잘 된다고 해서 사실 한국 사회 전체가 잘 되는 것이 아닌 데도요) 그런 곳과 반대로 사회적 필요가 절실한, 점점 인구도 줄어들고 고령화되고, 젊은 사람이 떠나고 없는 곳이 눈에 보이게 됩니다.

명동에는 없는 사회적 문제가 있는 곳이요. 그런 곳은 사회적기업가가 아니라 일반 시민의 입장에서 봐도 '저기, 한 20년 있으면 사라질 것 같은데?'하는 굉장히 절박한

위기의식이 있는 곳이죠.

(정서나 감성에 따라 조금 다를 수는 있지만) 저는 그 사라진다는 것에, 뭐라 그럴까요? 그 무게를 좀 체감한 세대인데요. 인구 소멸로 어떤 지역이 사라진다고 했을 때 '그럼, 그렇게 없어지면 되지'가 아니라 그 안에 들어있는 수많은 사회적 자원이 함몰된다는 생각을 하는 거죠. 마치 어떤 생물체 중 종 하나가 멸종하는 것과 같은 느낌이랄까. 굉장히 절박하게 느끼는 게 있어요.

제가 관심을 가지고 들여다보게 되는 건 사라져가는 위기를 맞고 있거나 위기에 처할 수밖에 없는 조건의 어딘가인 거죠. 역설적이게도, 그 위기가 여행자에게는 대단히 매력적으로 다가가요. 관광지로 본격적인 개발이 되지 않은 곳, 예전의 흔적이 많이 남아 있는 곳, 막 시끄럽게 북적북적한 공간이 아닌 어떤 곳들이요. 이 지점이 공정여행 또는 최근 여행 트랜드에서 방문하고 싶은 곳으로 떠오르죠.

제가 로컬을 바라보는 시선과 로컬이 가지는 새로운 여행지로서의 시장 기회 요소하고 맞아떨어질 수 있다고 보는 겁니다. 관건은 '그렇다면 이 지역이 회생 내지는 다시 건

강하게 유지되는 데 (여행이) 중요한 동력이 되겠구나, 그게 내 비즈니스가 되면 되겠구나'이렇게 계속 연결되는 거라고 보시면 될 것 같아요.

저에게 로컬이란 계속 들여다보게 되는, 무엇인가를 필요로 하고 바꾸고 싶은 대상이기도 하지만 한편에서는 굉장히 큰 잠재력을 가진 자원, 즉 시장 기회를 가진 대상. 이 두 가지 맥락으로 로컬을 계속 보고 있습니다.

그렇다면 '사회적기업은 로컬을 준비시키고 함께 파트너십을 가진다'고 표현할 수도 있는 걸까요?

그렇죠. 하지만 저는 로컬의 입장에서는 외지인입니다. 그 포지션을 넘어가거나, 넘어가려 해서도 안 된다고 생각합니다. 물론 개인적인 차원에서는 외지인이지만 특정 지역에 정착하려고 할 수는 있어요.

사회적기업가로서 접근할 때는 달라요. 제가 현지인이 될 수 없고, 돼서도 안 된다고 생각해요. '현지인이 주도하거나 현지인이 가장 많이 기여할 수 있는 방식으로 설계하지 않으면 그건 실패할 수밖에 없다.' 저는 이게 필수 전제라고 생각합니다.

예를 들어 외지인이 와서 빌딩을 세우고 비즈니스를 하는데 어느 순간 어떤 이유로 외지인이 빠져버린다면 어떻게 될까요? 외지인이 아니면 여기서 아무도 못하는 일이라면 그 비즈니스는 시작해서는 안되는 거예요. 로컬 입장에서 말이죠.

다시 설명하면, 외지인이 어떤 지역에 펜션을 만들었어요. 그리고 몇 년 장사하다가 접고 나가요. 그걸 두고 그 펜션이 지역사회에 기여했다고 말하지는 않죠. 그냥 그분이 자기 사업했다고 얘기하죠. 이 방식이면 저희는 할 이유가 없어요.

물론 돈만 버는 일을 할 수도 있기는 해요. 돈만 벌고 아무 피해를 안 준다면 또 괜찮아요. 그것까지는 할 수 있다고 생각해요. 하지만 현지와 상관없이, 어떤 비즈니스를 수행했을 때 그냥 돈만 벌고 빠졌다. 나아가서 건강과 관련해 악영향을 미친다고 하면 그건 안 된다고 생각하는 거예요.

여행이든 뭐든 간에 인문학적인 자기 성찰의 준비가 돼

있지 않으면 원하든 원치 않든 대단히 다양한 문제를 만들어낼 겁니다. 그것을 사회적기업이라고 할 수 있을까? 하는 물음표가 있습니다.

지역에서 일을 하다 쫓겨나든지 굉장히 큰 물의를 일으키든지 하는 방향으로 발전할 개연성이 굉장히 높습니다. 그렇게 가는 건 투자자, 즉 투자자본의 논리, 자본주의 시장의 논리가 그렇기 때문이에요. 사회적기업가가 거기에 끌려 다니면 그건 사회적기업이 아닌 거죠. 그 시점부터 사회적기업가가 아니고 사회적기업이 아닌 거죠.

말씀하신 부분이 바로 '한국사회혁신금융'이라고 하는 부분에서도 맥락을 같이 하는 부분 같습니다.

그렇죠. 같은 방향과 같은 가치를 가진 조직끼리 상호 구조라도 하자, 일단 이렇게 시작했던 거였거든요. 왜냐하면 돈은, 은행도 안 빌려줘, 정부도 안 빌려줘, 그럼 우리보고 돈은 어쩌란 말이야? 가치를 지키려고 하는 기업들이 존중받아야 된다고 생각하는데 정작 사회는 무시하는 거죠. 그렇다면 우리끼리라도 하자, 그게 사회혁신기금의 출발점이죠.

> 어떻게 보면 사회적기업가 역시
> 초창기 기업가 정신의 내용을 담고 있다는 생각도 듭니다.

해내는 사람을 기업가라고 불렀던 거죠. 이걸 사회적기업가라고 하지 않는 건 기업가 정신의 포커스는 시장 기회 쪽으로 가 있어서 그렇죠. 사회적기업가 정신으로 말한다면 '시장 기회와 사회적 영향에 대한 고려를 동시에 하자' 예요. 저는 이게 사회적기업가 정신과 기업가 정신의 아주 작은 차이라고 생각해요.

기업가 정신이라는 것도 사실은 다양한 이해관계자의 맥락 안에서 시장을 읽고 문제를 해결해 가면서 돌파하는, 혁신하는 전략을 세우도록 하는 관점에서 사회적기업가와 큰 차이가 없을 수도 있어요.

근데 기업가 정신을 굉장히 좁혀서 자본의 기준으로만 생각했을 때 시장의 기회, 사회에서의 어떤 기회를 오로지 돈을 벌 수 있는 기회로만 보는 경우가 생기는 거죠. 정치적, 도덕적 올바름과 무관하게 시장은 기업가 정신이라는 걸 돈 잘 버는 사람이라고 정의했던 거죠. 무슨 수단을 쓰든 돈 잘 버는 사람이면 '기업가 정신이 있는 사람이야' 라고 생각해요. 그 환경이 지금까지 이어져 왔죠. 하지만 기업가 정신이라고 표현할 때 다루어야 하는 대상은 기본적으로는 '사회'를 전제하는 겁니다.

그걸 여태까지 무시해 왔던 거라면 지금은 도저히 무시할 수 없는 시대가 됐습니다. ESG Environmental, Social and Governance, 기업의 사회·환경적 활동까지 고려하여 기업의 성과를 측정하는 기업성과지표가 괜히 나온 게 아닙니다. 그걸 무시해서는 기업도 사회도 다 망가지는데 기업이 그냥 살 수 있겠어요? 그래서 이제서라도 '우리 이러다가는 세상이 망하게 생겼으니 필수적으로 해야 돼'라는 각성을 하게 된 시점이 아닌가 싶어요. 앞으로 점점 더 기업가 정신과 사회적기업가 정신은 같은 맥락에서 이해되고 논의될 거라고 생각합니다.

사회적기업가로서 이지혜 대표님께 하고 싶은 말씀이 있다면? (이전과 비교해서 여전히 변함없는 것과 달라진 점도 말씀해주세요)

이지혜 대표요? 여전한 거는 까칠한 거. (웃음) 어떻게 보면 좀 시니컬하기도 했었고 까칠한 면이 있었어요. 세상을 대하는 태도에 있어서의 까칠함이 있는데요. 좀 바뀌기는 했지만 그런 캐릭터는 여전히 개인적인 성향이라고도 할 수 있겠죠.

반면에 제가 한 2~3년 전쯤부터 느끼는 건데 이제 이지혜 대표가 기업가 정신을 탑재한 진정한 기업가가 되었구나 하고 많이 느껴요. 창업 초기인 2008년~2009년만 해도 주어진 미션을 해결해 가는 말하자면 뭐라 그럴까요. 활동가? 활동 기획자 같은 느낌이었었어요. 저도 그랬고요.

그런데 지금까지 수많은 창업의 경험을 거치면서 이제는 자원을 읽고 자원을 만들고 자원을 연결하고, 사업화시켜서 결과물을 만들고 그 결과물을 홍보하는 등 일련의 과정을 굉장히 프로페셔널하게 잘 하게 됐죠.
모든 책임이 본인에게 있다는 것도 너무나 명확하게 인지하고 있고요. 그런 점에서 이지혜 대표라는 사람이 한 단계 업그레이드 되었구나 하는 생각이 듭니다.

저와는 20년 된 동료이기도 하고, (진짜 딱 20년 됐네요) 지금 많이 지쳐 있을 것 같기도 해요. 저도 마찬가지예요. 나름대로 빡세게 달려왔지만 아직 저희한테 미션이 하나 남아있는 것 같아요. 우리끼리 뿌듯해하는 모델 말고, 사회적으로 인정받는 어떤 모델을 만드는 데까지 가야 한다고 생각해요. 그걸 해내야 우리 사회적기업 1세대의 미션을 완수하는 것 같아요.

그래서 '힘들더라도 거기까지 한 번 가보자, 모두가 다 이루어낼 수는 없더라도 우리 중에 누군가는 해내야 되지 않겠어?'하는 생각이 들어요.

이건 제 자신한테도 하는 얘기고 이지혜 대표와 사회적기업 1세대에게 하는 이야기예요. 어렵더라도 조금만 더 노력해서 거기까지 좀 가보자고요. 그게 후배들에게 우리가 줄 수 있는 가장 큰 메시지이자 선물 같은 게 아닐까 생각합니다.

5장

창업의 길목에서 만난 소중한 인연

진태민 대표

제주 버거스테이

저는 제주도에서 햄버거 가게 '버거스테이'를 운영하는 진태민입니다. 어릴 때부터 아예 요리학교에 진학할 만큼 요리에 푹 빠져서 살았어요. 특별히 '햄버거'에 대한 애착이 있는데요. 뉴욕에서 쉑쉑버거를 먹을 때 고기가 미디엄으로 나오길래 '덜 익었나?'했었는데, 알고 보니 맛있게 구워진 거였더라고요.
'와, 내가 햄버거에 대해 이 정도로 몰랐나?'싶어서 본격적으로 햄버거 연구를 시작하게 되었습니다. 그때부터 햄버거를 사업 아이템으로 정하게 되었고요.

'버거스테이'의 '버거'는 음식을 의미하고, '스테이'는 사람들이 머무르는 공간을 의미합니다. '스테이'에는 문화 활동의 의미도 담겨있습니다. 독서 모임, 음식관련 영화 감상 토론, 신메뉴 공유 프로그램 등의 문화 활동을 합니다.

'내 식당 창업 프로젝트'를 통해서 오요리아시아를 만나신 거죠?

네. 창업을 하기 위해 뭘 해야 하나 찾아보던 중 오요리아시아 이지혜 대표님의 '내 식당 창업 프로젝트'를 만나게 되었습니다. 프로젝트 면접에서 대표님을 처음 뵈었어요.

면접 도중에 어떤 분이 저에게 압박 질문을 주셨는데, 이지혜 대표님께서 중재해주셔서 감사했던 기억이 있습니다.

"하고 싶은 말이 있으면 겁먹지 말고 해보라"며 제 내면에 있는 이야기를 끌어주시기도 했고요. 정말 감사했던 기억이에요. 온화하고 선한 인상을 받았습니다.

> **창업을 결심한 동기는 무엇일까요?**

나만의 브랜드를 만들고 싶다는 생각으로 창업 준비를 시작했어요. 원래 다른 하던 일이 있었는데, 그걸 그만두더라도, 이 프로젝트를 하면 창업할 수 있겠다는 확신이 있었습니다. 놓치면 안 될 것 같은 기회라는 직감이 들었죠. 프로젝트 끝나고 가게 공간을 찾는 데만 4개월이 걸렸습니다. 동서남북으로 걷고, 자전거를 타고 다니면서 꼼꼼하게 찾았어요. 프로젝트 동기가 함께 매물을 보러 가줘서 큰 도움이 되었습니다.

음식 개발을 할 때에도 프로젝트에서 많은 도움을 받았습니다. 캠프에서 박찬일 셰프님께 교육을 받았고, 셰프님께서 레이먼 킴 셰프님을 연결해주셨습니다. 덕분에 버거

스테이의 그림을 구체적으로 그릴 수 있었습니다.

입주 준비도 막막했는데, 프로젝트 동기들이 두 팔을 걷어 올리고 가구 배치를 도와주고 함께 청소를 해줬습니다. 제주도에 혼자 와서 모든 건 혼자 해야 한다는 생각이 있었는데 동기들이 약속이라도 한듯 도와줘서 그 날을 잊을 수가 없네요.
프로젝트를 만난 것, 또 이지혜 대표님과 우리 동기들을 만난 게 제 인생의 정말 큰 자산입니다.

프로젝트를 함께 진행하면서 만난 오요리아시아는 어땠는지? 일반적인 창업 멘토와 비교해서 어떤 점이 달랐는지 궁금합니다.

건물 계약을 하고 이지혜 대표님께 말씀을 드렸는데, 아무런 조건 없이 직접 공간을 보러 먼 길을 와주셨어요. 건물을 두 눈으로 확인 하시고 제 사업 방향성에 대해 같이 고민해주셨죠. 특히 상권 분석을 하는데 큰 도움을 주셨습니다. 인테리어 대표님도 모시고 와 주셔서 인테리어 관련 조언도 많이 받았습니다.

이 프로젝트가 없었다면 저는 창업을 하기 힘들었을 것 같아요. 제가 창업 의지는 강했는데 '어떻게'창업을 해야 하는지 잘 몰랐거든요.

이지혜 대표님은 제가 막막했을 때 함께 그림을 그려주신 분이에요. 제 꿈을 실현시켜 주신 분이죠. 창업이라는 거대한 낭떠러지 앞에 서있을 때 대표님이 제 어깨에 낙하산을 메어주시고 어떻게 하면 안전하게 내려갈 수 있는지 알려주셨어요. 뜬금없이 전화를 주셔서 "잘하고 있냐?"고 물어봐 주시기도 하고, 갑자기 가게에 찾아오셔서 제가 어떻게 하고 있는지 봐주십니다.

그런데 때마침 그때마다 실제로 제가 직면하는 어떤 문제가 있었어요. 대표님께 말씀 드리면 모범 답안을 말씀해 주셔요. 가령 문화 활동 프로그램을 하고 있을 때 사람들에게 어떤 포인트를 어필해야 하는지 알려주셨고 가게 노출을 어떻게 해야 하는지도 알려주셨습니다.

사실 프로젝트가 끝나면 저와 대표님의 관계도 공식적으로는 끝나는 걸 수도 있거든요. 그런데 프로젝트가 끝나고도 대표님은 꾸준히 신경써주고 계셔요. 아직까지도 저와 동기들한테 말을 놓지 않으시고 인격적으로 대해주십니다. 저 뿐만 아니라 이 프로젝트에 참여했던 많은 사람들, 다른 프로젝트를 하는 사람들에게도 도움을 주실 텐데, 한결 같은 모습이 정말 존경스럽습니다.

외식업 창업가로서 이지혜 대표님께 궁금한 점이 있다면?

대표님이 가지고 계신 힘의 원천이 궁금합니다. 네팔로 가면서까지 약자를 대변하시는 모습을 보았습니다. 누군가에게 문제가 생기면 함께 싸워주시는 분이에요. 그래서 '함께'의 가치를 느끼게 해주십니다.

어떤 계기로 사회적기업의 길을 시작하게 되셨는지, 그리고 이 어려운 길을 가시는 이유가 무엇인지 궁금합니다. 또한 이지혜 대표님의 끝은 어디일까? 인터뷰를 하다보니 새삼 궁금해집니다. (웃음)

창업을 준비하는 청년들에게 사회적기업가의 엑셀레이팅을 추천하시겠습니까?

완전 추천합니다. 같은 꿈을 꾸는 사람들을 한 자리에 모아주신 것이 가장 큰 힘이 되었습니다. 프로젝트라는 이름 안에서 팀원들이 서로 도와가면서 성장하도록 울타리를 만들어 주셨어요.

대표님 혼자서 도와주시는 데는 한계가 있을 텐데, 사회에서 같은 꿈을 가지고 도와주며 성장할 수 있는 공동체를 만들어주신 게 큰 자산인 것 같습니다.
누군가가 제가 대표님을 알기 전으로 돌아가서 이 프로젝트를 다시 하겠냐고 물어본다면 저는 고민 없이 다시 한다고 할 거예요. 친구들이 창업을 고민할 때 이지혜 대표님께서 기획하신 프로젝트를 권유하고 있고요. 항상 추천입니다!

사회적기업에 대한 생각이 궁금합니다.

사회적기업은 꼭 필요하다고 생각합니다. 사회적기업은 중간 역할을 해준다고 생각해요. '제주도-오요리아시아-프로젝트 팀원' 이런 구조가 있다면, 가운데에서 중간 역할을 해주셨잖아요. 약자가 살아갈 수 있도록 사회적기업에 더 힘이 실리면 좋겠습니다. 오요리아시아를 만나기 전에는 저도 사회적기업에 대해 잘 몰랐어요. 기회가 된다면 저도 사회적기업으로 가게를 운영해보고 싶습니다.

제가 설 자리가 없을 때 대표님이 만들어 주셨기에, 저 역시 누군가에게 기회를 주는 사람이 되고 싶습니다.

이지혜 대표님께 하고 싶은 말이 있다면?

처음에 창업했을 때 사람들이 제 가게 앞에 줄을 설 거라고 생각했어요. 그런데 한계가 있더라고요. '이러다가 망할 수도 있겠다' 생각했는데 대표님께서 하나씩 도와주셨어요. "이렇게 해야지 감당할 수 있지 않겠니?"라며 알려주셨죠.

창업을 준비하며 어려운 과정에서 그리고 코로나 사태로 인해 힘들었을 때 이지혜 대표님께서 끊임없는 사랑과 관심을 주셔서 포기하지 않고 지금까지 올 수 있었습니다. 좋은 팀원들 만나게 해주셔서 감사합니다. 면접에서 압박 풀어주신 것도요. 감사하다고 말씀드리고 싶습니다.

6장

모든
기업이 다
사회적기업
입니다

안은주 대표

사단법인 제주올레

제주올레 대표이사를 맡고 있는 안은주입니다. 작년까지 상임 이사였다가 올해 대표 이사를 맡게 됐습니다. 이지혜 대표는 대학 학보사 후배로 20대부터 알고지낸 사이입니다.

제가 4~5년 정도 선배인데 학보사에서 같이 일하진 않았지만 대학 졸업하고 일 년에 한두 번씩 행사 때문에 만날 일이 있어서 알게 됐습니다. 서로 일하다 보면 도움을 주고받아야 할 일이 있기도 했고. 지혜가 사회적 가치를 만드는 일과 홍대에서 다문화 여성과 레스토랑 사업을 시작하면서, 후배가 하는 좋은 일에 매출을 올려주려고 레스토랑에 방문하곤 했었어요. 그때부터 '이 녀석이 쉽지 않은 일에 자기 인생을 걸고 있구나'싶어서 응원하고 도와주고 싶었습니다.

개인적인 인연 외에 일적으로 함께 한 경우는 언제였을까요?

이지혜 대표와는 오요리아시아에서 네팔 여성 창업 인큐베이팅할 때 제주올레와 함께 일한 적이 있습니다. 제주올레 간세인형공방조합에서 네팔 국기나 이미지를 이용해 간세인형을 만들어서 크라우드 펀딩도 하고 네팔에 보내기도 했어요. 인형도 만들고 여성 일자리도 창출하는 시너지를 낼 수 있었습니다.

지금까지 변치 않는 지혜의 모습은 여전히 돈 안 되는 일을 벌린다는 것?(웃음) 근데 그게 지혜가 가장 잘하는 일이에요. 변한 게 있다면 예전에는 맨땅에 헤딩하다시피 무모할 정도로 일했는데, 지금은 그동안의 노하우와 방향성이 생긴 것 같아서 확실히 전보다 더 성장한 것 같습니다. 그러나 여전히 돈 되는 일보다는 가치를 만드는 일에 더 마음이 많이 가는 사람이에요.

나는 주로 쓴소리를 하는 편이고, 이지혜 대표는 들을 때는 끄덕끄덕하는데 잘 안 들어요. 계속 자기 일을 해나가는 스타일, 그게 또 이지혜의 매력이 아닐까요.

이지혜 대표는 소중한 캐릭터에요. 사적으로 아끼는 마음 때문에 지혜가 덜 고생했으면 하는 마음에서 쓴소리를 하지만, 사회적으로 보면 소중하고 아까운 자산입니다.

쓴소리를 하는 또 다른 이유는 그 소중한 캐릭터가 지속 가능했으면 해서에요. 좋은 뜻을 갖고 이 일에 뛰어 들었다가 상처받고 나가떨어지는 사람이 많기 때문에 지혜처럼 좋은 생각을 갖고 좋은 일을 하려는 친구들이 늙어서도 이 일을 계속할 수 있었으면 합니다. 지속 가능성을 확보할 수 있었으면 좋겠어요.

**오요리아시아에게 제주도에 와서 프로젝트를 함께 해보자고
먼저 제안하셨다고 들었습니다. 왜 오요리아시아였는지?
혹 오요리아시아에게 기대했던 것은 무엇이었고,
실제로 그 기대가 잘 충족됐는지요?**

제주올레 여행자센터에서 식당을 운영하는데 지혜랑 얘기하다가, '젊은 친구들이 올레길을 걸으러 많이 왔으면 좋겠다, 우리 센터에 젊은이들이 와글와글 모여들었으면 좋겠다'는 얘기를 나눴어요.

지금 올레길을 걷는 사람들은 주로 중·장년층 위주여서 젊은 층에게도 걷는 문화를 파고 들게 했으면 좋겠다는 고민이 있었거든요. 지혜가 젊은 친구들을 많이 만나니까 함께 하면 좋을 것 같았고요.

그런데 젊은 친구들이 제주에서 카페나 식당 창업을 많이 하는데 다들 맨땅에 헤딩을 하더라고요. 창업을 하더라도 실패를 줄일 수 있는, 중간 디딤돌 역할을 해주는 기관이 있으면 좋겠다 싶어서 둘이 의기투합했습니다.

오요리아시아는 식당 창업과 성장 마케팅을 잘하는 조직이고 제주 올레에는 여행자센터라는 공간이 있고 식당을

창업하면 손님을 데려올 네트워크가 있었어요. 다만 그 프로젝트를 하려면 돈이 필요하니 그걸 LH에서 지원 받은 것이죠.

오요리아시아는 기대했던 대로 제 역할을 해냈고 목표를 잘 충족했어요. 기대한 것 이상으로 감동을 받았던 건 이지혜 대표가 청년 한 명 한 명을 너무 아껴줬다는 것입니다. 이 대표는 아직도 제주에 오면 그 청년들부터 먼저 찾아가요. 그 식당에 가서 매출 올려주고. 그런 마음을 가진 사람은 많지 않습니다. 아낌없이 퍼주는 나무 같은 역할을 하는 사람이에요. 프로젝트가 끝났다고 해서 끝나는 게 아니라 지속적으로 이어지니까. 사람에 대한 애정, 사회적 가치를 만들려고 하는 사람에 대한 애정이 깊은 사람입니다.

'내 식당 창업 프로젝트'를 하면서 실제로 제주올레와 오요리아시아가 함께 청년들을 키웠다고 했을 때, 청년들을 키운다는 것의 의미는 무엇일까요? 또 제주올레 입장에서 봤을 때 프로젝트의 성과와 의미는?

청년들이 실패를 덜 했으면 좋겠다는 마음이 나나 이지혜 대표 둘 다에게 있었습니다. 자기 사업을 시작할 때 요리만 잘한다고 해서 성공하는 게 아니거든요. 사업을 하는 순간 요리사가 아니고 경영이 필요하기 때문에 마케팅, 재고 관리, 서비스 등 전반적인 걸 알아야 합니다.

그걸 잘 모르기 때문에 어떤 사람은 요리를 너무 잘하지만 사업에 실패하고 어떤 사람은 장사가 너무 잘 됐는데도 나중에 밑져서 실패하는 경우도 생깁니다. '내 식당 창업 프로젝트' 지원자들에게 지원 동기를 물어보면서 이런 이야기를 해줬어요. 사람들에게 망하지 않고 잘할 수 있는 방법을 알려주자는 뜻이 있었습니다.

제주올레 입장에서는 이 청년들이 제주올레를 후원하게끔 하는 목표도 있었어요. 이 친구들이 음식을 통해 사람들과 소통하면서 제주올레를 알려주는 거죠. 그런 관점에서 보면 창업한 친구들이 안 망하고 잘 하고 있습니다. 꽤 돈을 벌고 있는 친구들도 있고. 그런 관점에서 성공했다고 봅니다.

여러 기수를 진행하면서 이제 선배가 후배를 챙기는 커뮤니티도 잘 형성됐어요. 멘토였던 박찬일 셰프의 역할도 중요했습니다. 박 셰프는 일 년에 한 번씩 제주에 와서 모임을 갖곤 했는데, 프로젝트가 다 끝났는데도 고민 상담을 해주고요. 거기서 네트워킹을 하면서 서로 응원하고 도와주니 제주 올레 입장에서는 좋은 프로젝트, 좋은 성과였다고 생각합니다. LH와 하는 프로젝트는 2019년에 종료됐지만 작년, 재작년에도 일 년에 한두 번씩은 계속 모이고 있습니다.

> 동료이자 사회적사업가로서
> 이지혜 대표의 장점과 매력은 무엇일까요?

장점은 일을 무서워하지 않는다는 것. 이해득실을 따지기보다 가치에 중점을 두고 추진합니다. 그래서 용감한 거, 그게 지혜의 매력이라고 생각해요. 이지혜 대표는 투덜거리면서 다 하는 스타일입니다.(웃음) 나한테는 그런 모습을 보여주는데 다른 사람한테도 그런지는 모르겠습니다.

> 사회혁신가로서 이지혜 대표는 앞으로 어떤 역할을
> 해야 할까요? (오랫동안 지켜본 입장에서 앞으로의
> 방향성에 조언을 해준다면?)

현장에서 갖고 있던 경험을 계속 특정 현장에서만 발현하려고 하면 부가가치가 낮아요. 이 대표가 10년 넘게 현장에서 길어올린 경험을 더 많은 사람에게 나누는 데 집중했으면 좋겠습니다.

저는 이지혜 대표에게 직접 매장을 챙기는 일은 줄이고 플랫폼 역할을 하라고 말합니다. 현장 경험이 있는 멘토가 많지 않으니까 그 경험과 인사이트를 가지고 더 많은 사회혁신가를 길러내는 데, 더 널리 사회적 가치를 전파

하는 데 집중하라고 얘기하고 싶습니다.

'사회적기업, 창업할 만 하다'라면, 그 이유는 무엇일까요?

창업할 만해서가 아니라 모든 기업이 사회적기업이어야 한다고 생각합니다. 이제 기업의 목적이 이윤 추구인 시대는 지났다고 생각해요. 이윤은 당연히 추구해야겠지만 기업 활동 자체가 사실은 전체 사회 생태계와 연결되어 있는 것입니다.

나쁜 방법으로 이윤을 추구하는 게 아니라 기업 활동 그 자체로 사회에 기여할 수 있는 방법을 찾아야 한다고 생각해요. 그게 결국 사회적기업. 이것이 결국 앞으로 가야 하는 추세. 나를, 우리를, 지구를 위해 모든 기업이 가야 할 길. '사회적기업, 창업할 만하다'가 아니라 모든 기업이 창업해서 지속 가능하게 이어가야 합니다.

인간의 탐욕은 끝이 없기 때문에 기업과 개인이 따로 있다고 보지 않아요. 기업의 의사 결정을 하는 것도 결국은 개인이니까요. 거대한 담론만 하다보면 아무것도 못합니다. 각자 자기가 할 수 있는 일을, 자신의 자리에서 뭐라도 하는 것이 중요하지 않을까요?

결국 개인의 탐욕이 모여서 기업의 탐욕이 나오는 것입니다. 우리는 이미 인간의 탐욕으로 잃어버린 게 얼마나 많은지를 알고 있지 않나요? 요즘 20대, 젊은 친구들은 환경 문제에 관심도 많고 어떻게든 도움이 되려고 합니다. 조금 더 시간이 지나면 기업이 추구하는 방향이 곧 사회적기업화 되면 좋겠다는 소망이 있습니다. 그렇지 않으면 지구가 버틸 수 없으니까요.

사회적기업 창업을 꿈꾸는 청년들에게 해주고 싶은 말이 있다면?

사회적기업도 기업이기 때문에 일반 기업과 크게 다르지 않습니다. '반드시 시장에서 살아남을 수 있는 비즈니스 모델을 찾아라'라고 말해주고 싶어요. 사회적 가치만을 염두에 두고 사회적기업을 창업하면 망하는 경우가 많습니다.

사회적 가치와 기업 이윤을 다 가져가야 하는데 두 마리 토끼 중에 어느 것 하나 뒤로 밀릴 수 있는 게 아니지요.

양손에 들고 똑같이 가야하기 때문에 비즈니스 모델을 더 치열하게 고민하라고, 비즈니스 모델을 지속 가능하게 만들기 위해서 우리는 어떤 사회적 가치를 추구할 것인가를 고민하는 게 맞지 않나 싶습니다.

보통 사회적기업 하면 '사회적 가치가 우위에 있고 사회적 가치만 있으면 되지' 라고 생각하는데 그러다 보면 중도 하차할 수밖에 없습니다. 왜냐? 지속가능하지 않기 때문이죠. 두 가치의 밸런스를 맞춰야 합니다. 그게 어려우니 정부에서 사회적기업을 육성하고 지원하려고 하는 것이지요.

**안은주 대표님은 제주올레를 해오면서
어려웠던 점이 무엇이었을까요?**

우리는 비영리 사단법인이지만 올레길을 내고 운영하기 위한 후원을 받고, 수익 사업을 합니다. 우리도 공공 서비스를 하면서 스스로 만들어내는 조직이라서 내용적으로는 사회적기업과 같아요.
늘 밸런스를 맞추는 게 어렵습니다. 우리는 길을 걷는 사람, 길에 살고 있는 지역민, 길을 내어준 자연, 길을 내는 올레지기들이 다 같이 행복한 길을 걷는 것을 목표로 합니다. 어떤 정책을 만들 때 올레꾼에게 편의를 줄 수 있는 결정만 하면 자연과 지역민에게 영향을 줄 수밖에 없어요. 길 위의 표식 하나도 꼼꼼하게 촘촘하게 만들면 올레꾼은 길을 잃지 않을 수 있어서 좋지만 그 또한 자연 풍광에 영향을 줄 수 있어요. 가능하면 자동차를 타고 가면서 발견할 수 있는 표식이 아니라 걸을 때만 보일 수 있는, 걷는 자의 눈높이에 있는 표식이면 된다는 것이 우리의 방침입니다.

그런 결정을 할 때 원칙이나 기준이 있는지?

이게 10년, 100년 뒤에도 유효한 결정일 것인가를 생각합니다. 지금 만드는 방침 하나가 10년 뒤 올레를 어떻게 바꾸고 걷는 사람과 자연에 어떤 영향을 줄 것인가 생각해보는 것입니다.

저는 걷는 사람, 봉사자, 스태프, 전문가의 의견을 많이 듣는 편이에요. 고민이 있으면 전화기부터 돌립니다. 나도 잘 모르겠으니까 의견을 들어야죠.(웃음)

7장

Why not?
임팩트 투자

김재현 대표

크레비스파트너스

안녕하세요? 김재현입니다. 2002년 크레비스파트너스 창업을 시작으로 교육, 환경, 예술 등의 사회 영역에서 아시아와 아프리카, 북미 지역에 걸쳐 30개 내외의 사회혁신형 기업들을 발굴하고 투자하고 경영에 참여해 왔습니다. 이지혜 대표님과는 10년 전에 서로 알게 되어, 네팔 등 해외 출장도 같이 다녀오는 등 오랜 동료이자 친구로서 지내고 있습니다.

**임팩트 투자자의 입장에서 보실 때
사회적기업으로서 오요리아시아의 가치는 무엇일까요?**

오요리아시아는 기업가의 사회 문제 인식을 하이엔드 수준의 해결 방법으로 제시하면서 성장해왔습니다. 단순히 이주여성 혹은 청년 등 취약 계층 문제에 집중하는 것을 넘어서 미쉐린 스타 등급의 레스토랑 등 주류 시장에서 영향력 있는 수준의 해법을 제시한 것만으로도 전혀 다른 수준의 도전을 했다고 생각합니다. 저희도 소셜 벤처 지원과 육성을 넘어 임팩트 벤처투자 Venture capital라는 방식을, 그리고 그 방식을 넘어서 임팩트 사모펀드 투자 Private equity라는 방법을 제시해 왔는데, 그런 면에서 서로 더 즐겁게 교류할 수 있었던 것 같습니다.

**아시아, 아프리카 등에 적극적으로
임팩트 투자를 하신다고 들었습니다.
아시아와 아프리카에 집중하는 이유는 무엇일까요?**

특별히 아시아와 아프리카를 정해놓고 집중하는 것은 아니고요, 저는 주로 Why? 보단 Why Not?을 생각합니다. 우리가 아시아, 아프리카, 북미 등의 지역에 투자하거나 경영에 참여할 수준이 된다면 혹은 되려면, 도전하면 된다고 생각합니다. 꼭 재벌만 할 수 있는 건 아니니까요. (웃음) 오요리아시아가 아시아 단위에서 꾸준히 시도하고 활동하는 역할도 비슷하지 않을까 합니다. Why?에 대해서 치열하게 고민하지만, Why Not?으로 그 문제를 도전하고 실행하는 역할은 한국뿐만 아니라 세계의 다양한 생태계에 활력을 불어 넣을 수 있다 생각합니다.

카페 미띠니 3호점에 투자를 결정하신 이유가 궁금합니다.

이지혜 대표님이 네팔 출장에 극적으로 따라갔을 때, 현지에서 오요리 사업의 신입 사원이었던 다와와 인사를 했기 때문이지 않을까 합니다. 누군가 10년 이상 꾸준히 자기만의 길을 헤쳐 나가며 성장해간다면 다른 누군가는 그

여정과 도정을 응원하고 격려해야하는 것이라 생각합니다. 다와가 아시아 여성의 멋진 롤모델이 되길 기대합니다.

**임팩트 투자자로서 갖고 계신 원칙과
관점(무엇을 중시하는지)이 궁금합니다.**

많은 분들이 ESG투자와 임팩트투자를 혼용하고, 단순하게 착한 투자라고 뭉쳐서 생각하시는데, ESG 투자는 사회에 미치는 부정적인 효과를 줄이는 'Controlling Negative Effects' 투자이고, 임팩트 투자는 사회에 기여하는 긍정적인 영향을 늘리는 'Creating Positive Impacts' 투자입니다. 저는 목적을 가지되 그 목표와 형식에 대해서는 좀 더 자유를 존중하는 형태로서 임팩트 투자를 하고자 하여, 명확하게 정의된 'Why?' 틀에서의 도전보단 좀 불명확하더라도 도전하며 찾아가는 'Why not?'에 대한 도전을 하는 것을 선호합니다.

현재 사회적기업은 초기에 비해
어떻게 발전하고 변화하고 있다고 생각하시는지요?

사회적기업과 소셜벤처는 오랜 시간의 도전과 노력 끝에 보다 더 가시화된 책임과 역할을 요구받는 상황이라 생각합니다. (참고로, 사회적기업과 소셜벤처는 각자의 역할 모형이 조금 다른데, 중소기업과 벤처기업의 역할이 조금 다름을 이해하시면 보다 쉬울 것 같습니다) 문제 정의에 보다 집중하던 시절에서 이제 문제 해결에 보다 집중하는 시기로 전환되고 있고, 최근에는 투자 회수부터 상장까지 다양한 성공 모형이 나오고 있으니 지속적으로 발전할 수 있을 것으로 기대합니다. 삼성전자와 네이버가 대기업과 벤처기업의 육성 생태계에서 새로운 성공 모델을 제시하기 까지는 오랜 시간이 걸렸습니다. 사회적기업과 소셜벤처도 충분히 그런 시간과 노력이 지속된다면 멋진 성공 모델이 나오지 않을까 합니다.

'사회적기업, 투자할 만 하다'라면,
어떤 이유에서 일까요?

저는 임팩트 투자자는 '세상에서 가장 탐욕적인 투자자'

라고 이야기합니다. 사회 문제를 해결하며, 경제적 수익도 창출한다는 건 굉장히 이상적일 수 있고, 또 그래서 시간이 충분히 지나서 평가하고 토론해야 한다 생각합니다. 시작이 좋다고 하여 끝이 좋지 않을 수 있고, 시작이 미약하다 하더라도 끝이 좋을 수 있겠지요. 가장 탐욕적인 투자자와 가장 탐욕적인 기업가 간의 만남이 임팩트 투자자와 사회적기업가이지 않을까요?

저희 회사는 투자와 사업을 병행하는데, 탐욕스러운 두 가지를 병행하려니 항상 힘들지만, 그래도 지속적으로 건강한 조직과 구성원들을 구축할 수준의 사업성과를 창출하였으니, 특별히 투자할 만한지 여부에 대해서 이제 고민하진 않습니다. 충분히 즐겁게 성장할 수 있고, 괜찮은 보상을 받을 수도 있는 산업이 될 거라 확신합니다.

**임팩트 투자자로서,
또 동료로서 이지혜 대표님에게 해주고 싶은 말이 있다면요?**

이지혜 대표님께서 가진 지혜(!)와 경험이 지속적으로 생태계를 통해서 확장되고 발전될 수 있길 기대합니다.

에필로그

함께, 사회혁신가

"이 창업의 끝은 어디일까?"

책을 쓸 때 가제로 삼았던 질문이다. 답을 몰라서라기보다는 나 혼자 고민해서 찾을 수 있는 답이 아니기 때문이다. 내가 좋아서 시작한 창업 같지만 절대로 나 혼자서 감당해낼 수 없는 창업이었다. 처음부터 지금까지 오요리아시아와 함께해주신 모든 분들, 나아가 앞으로 오요리아시아와 함께해주실 모든 분들이 이 질문의 답을 찾게 해주시지 않을까? 결국 이 책은 나의 이야기인 동시에 나와 함께해주신 우리의 이야기인 셈이다. 물론 나의 부족함은 오로지 나의 탓이지만.

가볍게 시작한 일이 가볍지 않게 된 것 같다. 하지만 모든 일이 그렇듯 혼자 시작한 일은 함께하는 일이 되고, 무심코 시작한 일은 어느새 의미 있는 일이 된다.

지금도 아시아 곳곳에서 뛰고 있을
사회혁신가 동료들과 함께

하자센터에서 씨앗을 뿌려 홍대, 광화문, 북촌, 영월, 제주, 네팔과 태국. 그리고 다시 지금 여기. 2021년 한 해만 해도 강원과 제주에서 6,650시간 동안 318명이 외식 창업 교육훈련에 참가했고, 국내 지역역량 강화에 925시간 동안 70명이 참가했다. 네팔에서는 250명의 청년들이 16,620시간 동안 바리스타 훈련을 받았다. 그 외에 홍천, 철원, 부천, 수원, 부산에서 창업 인큐베이팅과 컨설팅, 도시재생 활성화와 지역 비즈니스 활성화를 위해 우리 회사 동료들이 뛰고 있다.

지역과 청년, 여성과 아시아. 오요리아시아를 쉴 새 없이 달리게 한, 심장 뛰는 단어들이다. 이것은 앞으로도 변함이 없을 것이다. 하지만 환경과 방식은 계속 변하고 발전해야 한다.

오요리아시아는 수많은 기업의 하나일 뿐이다. 사회적 기업이란 이름으로 달리는 더 좋은 회사도 당연히 많다. 그러니 이 책이 사회적기업의 나아갈 방향을 제시하거나 정답이라고 이야기하는 것은 가당치않다. 이 책을 통해서 말하고 싶은 것은 내가 아니라 지난 10년간 우리와 함께 한 우리 사회적경제 혁신가들의 이야기였다.

출간이 가까워져 오니 이주여성, 영월 청년, 그리고 우리 회사까지 변화의 소식이 들려온다. 역시 우리는 변화의 한가운데 있는 창업가이자 혁신가들이었다.

2022년, 이렇게 함께 할 수 있음에 진심으로 감사드린다.

한 번쯤 괜찮아, 사회혁신가

1판 1쇄 발행 | 2022년 11월 18일

지 은 이 | 이지혜

펴 낸 이 | 김무영
편집 팀장 | 황혜민
책임 편집 | 김무영
마 케 팅 | 주민서
디 자 인 | 이다래
독자편집 | 기경민, 김리원, 김소영, 김예지, 김지현, 이상원, 이연화, 정지영, 진영아, 진창숙

펴 낸 곳 | 텍스트CUBE
출판등록 | 2019년 9월 30일 제2019-000116호
주   소 | 03190 서울시 종로구 종로80-2 삼양빌딩 311호
전자우편 | textcubebooks@naver.com
전   화 | 02 739-6638
팩   스 | 02 739-6639

ISBN 979-11-91811-10-0 (03810)

※ 이 책의 저작권은 지은이에게 있습니다.
　 저작권법에 따라 보호를 받는 저작물이므로 어떤 형태로든 무단 전재와 복제를 금합니다.

※ 파손된 책은 구입하신 곳에서 교환해드립니다.